美丽中国·江南古镇

通津桥外贩船多

王卫平　魏向东　主编　　汪建红　朱小田　著

南浔

中国林业出版社

装帧设计：曹 来

图书在版编目（CIP）数据

通津桥外贩船多——南浔 / 汪建红，朱小田著．--北京 ：中国林业出版社，2013.5
（美丽中国·江南古镇 / 王卫平，魏向东主编.）
ISBN 978-7-5038-7021-7

Ⅰ．①通… Ⅱ．①汪… ②朱… Ⅲ．①乡镇-介绍-湖州市 Ⅳ．①K925.55

中国版本图书馆CIP数据核字(2013)第069360号

出版发行：中国林业出版社（100009
北京西城区刘海胡同7号）
E-mail ：cfphz@public.bta.net.cn
印 刷：北京高迪印刷有限公司
版 次：2013年5月第2版
印 次：2013年5月第1次
开 本：787mm×1092mm 1/20
印 张：8.8
字 数：170千字
定 价：29.80元

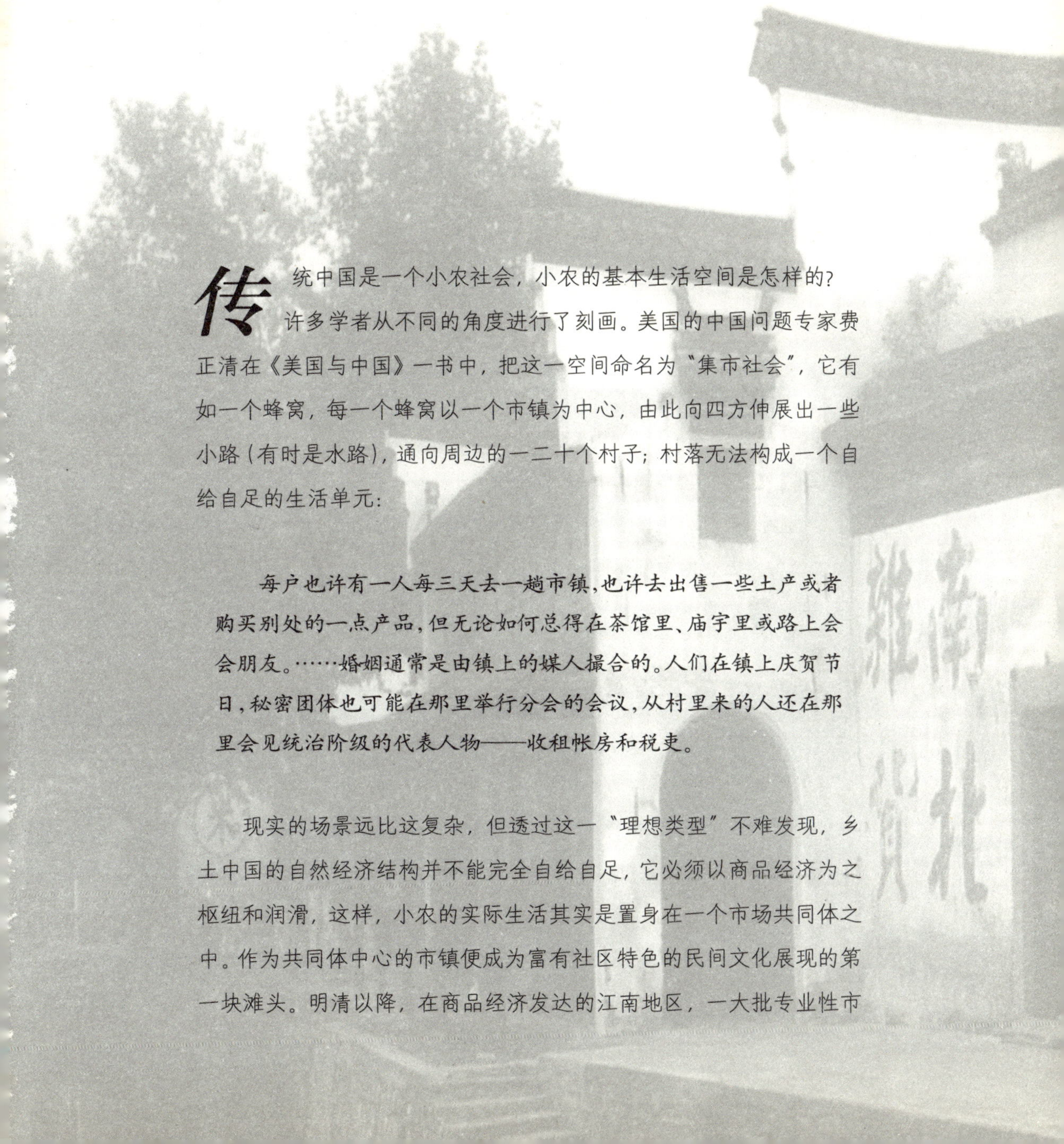

传统中国是一个小农社会，小农的基本生活空间是怎样的？许多学者从不同的角度进行了刻画。美国的中国问题专家费正清在《美国与中国》一书中，把这一空间命名为“集市社会”，它有如一个蜂窝，每一个蜂窝以一个市镇为中心，由此向四方伸展出一些小路（有时是水路），通向周边的一二十个村子；村落无法构成一个自给自足的生活单元：

> 每户也许有一人每三天去一趟市镇，也许去出售一些土产或者购买别处的一点产品，但无论如何总得在茶馆里、庙宇里或路上会会朋友。……婚姻通常是由镇上的媒人撮合的。人们在镇上庆贺节日，秘密团体也可能在那里举行分会的会议，从村里来的人还在那里会见统治阶级的代表人物——收租帐房和税吏。

现实的场景远比这复杂，但透过这一“理想类型”不难发现，乡土中国的自然经济结构并不能完全自给自足，它必须以商品经济为之枢纽和润滑，这样，小农的实际生活其实是置身在一个市场共同体之中。作为共同体中心的市镇便成为富有社区特色的民间文化展现的第一块滩头。明清以降，在商品经济发达的江南地区，一大批专业性市镇蓬镇蓬勃而生，成为近世中国社会走向现代世界的充满活力的历史生长点，其间的文化样式亦自成一格。

在沈从文先生的笔下，湘西的山镇依山濒水，临水的一面是河街，居家多是一半着陆、一半在水的吊脚楼；而吴冠中先生从小生活过的小镇则滋润在青绿苍翠的江南沃野中，“镇与乡之间难划明确的界线。镇的尽头，已是船坞、独木桥、菜畦，极目四顾，处处都是丛丛新柳掩映着的江南村落”（《水乡四镇》）；广东的地主出于安全的考虑不肯轻易移居墟市，始终坚持“在乡地主”的立场；而江南的地主却很早就由乡居转化成镇居，成为市镇居民，享受着近代文明的成果。川西某镇的茶馆里，赌客们玩着纸牌的时候，苏南盛泽的茶馆里也许刚刚成交了一桩丝绸买卖。在内地僻远某镇里，某人要到省城一趟，可能会被镇上人当作一件大事，议论许多天；而在江南城郊、镇市上的人大半从事商业，进取一点的则把生意做到了苏嘉杭沪的城里，其中一部分人成为经常出没于共同体与外部世界的乡村领袖。节令佳日，贵州乡场上跳着神秘的傩舞，华北集市上扭着秧歌；而在江南的市镇上，此时或许正演奏着温雅的赞神祭歌。茅盾先生曾组织过“中国的一日”的调查：1936年5月21日，农历四月二十一，是安徽天长人“烧忙香”的日子，城厢镇的街道上，“满挤着人，踵接踵，肩碰肩，提着腰篮子，穿着蓝布裤子的，带着油瓶、卷上裤子的泥腿儿，光着脚穿草鞋的，扎黑蓝布的包头，围着红带子的围裙，穿着古式有鞋叶拔的鞋子，还有一些拖着满清时代的大辫子”；而在江苏太仓的璜泾镇，这一天则在迎赛猛将神，“猛将庙外面挤满了不少游客和小买卖的商人，玩戏法的江湖佬，菩萨摆在庙门前、香案上，有四面斩旗上写着斩犯某某字样。……坐着的老太一共有三十多桌，每桌八位，同时三百多张嘴，一起念着南无阿弥陀佛。”同一天，在东西两个不同的市镇上演的社群活剧何其相似，又别具风情。

为此，我们聚焦乡土江南，精心绘制独具特色的市镇文化长卷。应该说，对于江南市镇，人们并不陌生，据一位市镇史研究学者的不完全统计，1980～1999 年间，国内学者发表的市镇史论文近 700 篇，区域市镇史研究论文为 500 余篇，其中江南占了近一半（任放《明清长江中游市镇经济研究》，武汉大学出版社，2003 年）。但略加检点可以发现，以文化为主题，或者从文化的视角契入市镇社群生活之作并不多；特别是，那里充满着的浓厚的学究气息，令一般读者望而却步。参与本丛书撰写的主编和作者还够不上学究的资格，因此我们着意将深奥的学理融化在浅显的文理之中，以生动的文法演绎迷离的生活法则，用直观的图片激活僵硬的文字，总之，尽可能地还原文化存在的本来状态。当然，我们的初衷未必能完全实现。

江南名镇太多，首先进入我们视野的是周庄、同里、东山、甪直、盛泽、南浔、西塘、乌镇这 8 个市镇。选择哪些市镇作为考察对象，实在是一件令人为难的事，我们的选择可能会有遗珠之憾，但这 8 个市镇堪称历史文化名镇，大概不会有什么争议，对她们的考察是我们义不容辞的责任。

于是，我们开始了江南文化之旅，古镇是我们抵达的第一个驿站。

王卫平 魏向东

目 录

社群历程

汪氏地图的文化释读

坊间人家

汪氏地图的文化释读(续)

社群历程

文化依着于一定的社群，社群总有自己的历史，只是或长或短而已。江南市镇的年头不算长，大都孕育于宋元以降商品经济的土壤中，而正是这相应的时段和相适的土壤，给江南市镇文化着上了区域的色调，烙上了时代的印痕，不同的市镇文化由此显现出似曾相识而又各各相异的特色。在一定意义上，市镇社群的历史也是其文化不可或缺的一部分。

乡区的历史理应让乡人来说，所谓「一乡之故实，惟乡之人知之最悉，若他邑人为之，则隔阂而舛误必多」（周庆云《南浔志》序），更重要的是，生活中的乡人常常把纵向的历程演说成横向的过程，或者说，它将历史转换成了文化，而这恰恰就是我们的追求。

「无如浔偏隅也，无典籍引稽，其得之传闻无证者什之七，即散之稗官而未可信者什之三。地于吴兴，最称佳丽，不幸而数百年文献无征，良可一慨」（方熊《南浔文献志》序）。面对史料缺失的尴尬，我们从文化人类学等相关学科那里得到了方法论的启示。在他们钟情的「田野」里，物质文化、里谈乡议、轶闻异事、口述访谈都成为撰写某个社群志论和印证某种理论的素材，应用这些素材，在理论上应该说不存在什么障碍，何况，我们所要探讨的就是文化，尽管这里还要涉及到文化的社会流程。

灶烟万家

南宋理宗淳祐十二年（1252年）建镇的南浔，由两个村落合并而成：南即南林村，在南栅；浔为浔溪村，在北栅。南林本为寺庙名，父老相传，由吴越王钱弘椒于五代显德年间（954～959年）创建，位于后来的报国寺旧址。在江南，恐怕在全国也是如此：有块风水宝地，建了寺庙，有了香火，香火相续，人烟渐稠，便成了村落，村以寺名，再自然不过了。浔溪成村是另一种情形。它位于古浔溪两条支流的十字交汇处，北宋政和年间（1111～1118年），在此以砖石架木成一土桥，名浔溪桥，这便是今天的通津桥了。村以桥名，是为浔溪村。

南林和浔溪

北宋宣和初年（1120年前后），南林发育为一个丝米农贸小市集，而浔溪的塘河里也泊满了南来北往的商船。如此100年，我们在北宋端平元年（1234年，另一说为嘉熙元年，即1237年）一方李心传书《南林报国寺记》的碑记中发现，当时的南林虽仅为聚落，而耕桑之富，甲于浙右，土润而物丰，民信而俗阜，行商坐贾萃集。只是还未设官稽征。

1252年，有了南浔，就有了镇官。在今天的南浔文园内，有一块勒成于南宋咸淳六年（1270年）的《嘉应庙敕牒碑》，内记：南宋“宝祐甲寅（1254年）狄浦盐寇啸聚，村落多被其害，且垂涎南浔，以为市井繁阜，商贾辐辏之所，意在剽掠。……未创镇以前，特乡村尔，无阶可陈，今创镇几二十载前后，镇官岁时祈祷屡验。”从咸淳六年逆推而上20年，则南浔建镇应在淳祐十年（1250年）左右。清范锴《浔溪纪事诗》即言此事：

佚志残碑尚可稽，当时沿革未全迷。
菰城古邑三唐后，谁识南林旧有溪。
镇戍监官古制存，万家烟火聚云屯。

“土地”的信息

根据文献记载，人们可以笼统地认为，南浔是由两个村落成长合并而成的市镇，而且，南林早于浔溪；其间，最关键的标志是北宋政和年间浔溪桥之建。其实，在江南溪流十字交汇处架桥，往往不是聚居成村的要素，而是招商成集的条件和象征，换言之，北栅的浔溪一开始就不是村落，而是村市。当然，这时南栅的南林也已经是“一个丝米农贸小市集了。”但与浔溪不同，在成为“农贸小市集”之前，南林经历过一段村落过程。因此，追根溯源，南浔的前身是南林村，位于南栅的这个村落首先发育为市集，再向北栅的浔溪扩张，浔溪本来就地处交通要津（通津桥之名由此而来），当然地成为市集的一部分。如此大的“市集”称之为市镇自然更为合适；南浔镇应运而生。

南浔市镇成长的具体环节能够从土地堂的空间存在和民间传说中得到明显的印证。南栅土地堂地近南林寺，只能是寺庙型聚落——南林村的象征。尽管对于“双土地爷”的事迹和地望有不同的传说，但关于他们的成神时间是基本确定的：北宋宣和初年，即北宋晚期，据此推断，南林渐成聚落当在北宋中晚期之间。土地堂建成之后，南林人便在每年九月初五吃

浔溪的塘河里停满了南来北往的商船

豇豆糯米饭纪念土地爷，这一风俗在南林成市进而扩张成南浔镇后，便在原南林村周围遗存下来，并且在这里（南栅）延续。南浔地方史专家朱从亮先生确认：北栅没有这一风俗。之所以如此，原因很简单：浔溪没有自己的村落史，也就没有一方土地。更值得注意的是：北栅的浔溪是在南林先期成市之后拓展的新街市，缺乏久远的历史记忆，而正是南北栅居民集体记忆的时间长短不同，将南浔镇市发展的空间走向和前后序列区别和展示出来。对于这一过程，镇里人代代相传一个高度浓缩的事实：土地堂从前是南浔的市中心，后来街市北移，逐渐成为荒僻所在，但是，一直延续到民国末年的一年一度的土地堂庙会，不断强化着人们的根源记忆。

“土地爷”的传说在一定程度上复原了一块聚落的历史空间，那么，栖息其间的人们，

其生活状态如何呢？对此，我们没有别的可以说明的材料，不妨再来聆听一回元代戴表元和明代虞堪对南浔的吟咏。

戴表元《东离湖州泊南浔》：

张帆出东郭，沽酒问南浔。
画屋芦花净，红堤柳树深。
渔艎齐泊岸，桔树尽成林。
吾道真迂阔，浮家尚越吟。

虞堪《浔南书事》：

偶即浔南地，川原路欲芜。
老翁行乞食，稚子幼难扶。
未放开河卒，犹差守戍夫。
为农那可卜，愁我老江湖。

两位诗人的诗作反映了不同的乡人生活情形：清爽的秋日，戴先生轻舟路过浔地，只见苍苍蒹葭，依依垂柳，画屋红堤，在水一方；一路纵浦横塘，航道通畅，泊舟小憩，橘市琳琅，浔溪棹歌……未免浪漫了些；而虞先生看到的，恰恰是浔南生活的另一面：川原荒芜，老翁乞食；既虞蓬头稚子，犹嗟边关守夫。

上述两幅迥异的生活情景，既跟特定的时代相关，更可能就是并存的两种生命景观。

张帆出东郭，沽酒问南浔。

月迷津渡说吴王

元末，群雄蜂起之际，苏北的张士诚于元顺帝至正十三年（1353年）在高邮称王。至正十六年（1356年）二月，张士诚陷平江（苏州），建都；四月下湖州，自立为吴王，奄有吴郡，南浔遂成苏州与湖州之间的水陆交通孔道，南去杭州亦赖此中转。

张士诚考虑把南浔作为兵站，驻军囤粮，始在此筑城。沈登瀛《南浔备志》曾有个考证："镇城之筑应在次年（即1357年——笔者）；筑之不固，越三年而遂圮，故（至正）二十一年重修之。"城与镇以东西交界坝桥一线为界，桥南还是南浔镇，桥北则称南浔城。清纪磊《咏交界坝桥》："路分南北水东西，遗址当年尚可穷；行到桥边正交界，才过一步即城中"，把城与市集的界线交待得十分清楚。这样的布局将驻军与居民隔开，两不相扰。南浔城四面皆壕，从晚清汪曰桢《南浔镇志》，约略知其遗迹："以地势考之，城壕转北通西仓港，西南之壕也；司前港自薛家漾通马家港，东南面之濠也；百间楼港，东北面之濠也；西木巷转南通永安桥港，西北面之濠也。城以通津桥为中心，周长三里。"

太尉城

南浔城又称"太尉城"。张士诚起兵第二年，屡败于朱元璋，一度为元所招安，官封太尉。筑城的时候，张士诚已经是吴王，"太尉城"大概不是自称。元至正二十六年（1366年）十一月，朱元璋手下大将徐达攻陷湖州，前锋逼抵南浔，张士诚属将王胜不敢迎战，自开城门投降。明洪武二年（1369年），南浔城的砖石被拆去修筑苏州城，只留下一片废址供后人凭吊。有清范锴诗为证：

春明走马向城壕，可是三兴土筑牢？
凭吊淮张遗故址，夕阳曾映女墙高。

1356年4月，张士诚自立为吴王

诗中“三兴”指长兴、嘉兴、宜兴。据说，张士诚的府第之基，用的就是此“三兴土”。三地的土石估计没有特别之处，但三地的名称让张氏焐心，事实上，张士诚确实“兴”过一阵，只不过没有“长兴”，可是，古往今来，长兴不衰者几何？常有 “诗人沽酒停舟间，一笑来寻太尉城”。故清人钱载《泊南浔》道：

太尉废城，雪没先生。
孤杖帘招，一笑百年。
此夜清风，明月双桥。

牵强地说来，南浔此间的历史跟长兴是有些关系。1356～1366年间，在南浔被张士诚控制的这段时间内，离湖州不远的长兴为朱元璋的一个大将耿炳文把守，耿炳文手下有一位儒士温祥卿，太原人，在长兴避乱，曾献策朱元璋，佐耿炳文守土。朱元璋做了皇帝，温氏便在长兴长住下来。他的侄儿温琏，由长兴迁至南浔七里村。七里村在南浔西南七里，元末才成村落，本无足记之处，可一入明朝，“七里丝”便问世了，“居民数百家，市廛栉比，农人栽桑育蚕，产丝最著，名甲天下”（ 周庆云《南浔志》）。

“九四香”

张士诚是个草头王，在历史上没有名分。可普通民众考虑的不是这些，他们的是非价值观相悖于“成者为王败者寇”的皇朝信条，只相信一方父母官（王）给予他们的实际利益。据说，张士诚在江南蛮好，减税免租，百姓德之。后来朱元璋称帝，张士诚自缢，南浔百姓越发想着张士诚对他们的诸般好处，便在农历七月三十日张士诚的祭日之夜，以棒香插地，烧“九四香”；士诚小名“九四”，以此纪念他。七月三十恰为地藏王生日，江南人只说烧的是“地藏香”；又怕官府明白真实民意，“九四香”便讹传为“狗屎香”，故南浔有俗语云：“前世

南浔人说，广惠宫就是祭祀张士诚的，这是广惠桥

不烧狗屎香，今世不结众人缘”，可见张士诚与南浔百姓的缘分。张士诚生前“有功德于民”，死后亦当福佑斯土，南浔人希望立庙奉祭。但在有明一代，又不便公开表示，便称：南栅的张王庙就是祭祀张王张士诚的。张王庙正式称广惠宫，始建于北宋治平年间（1064～1067年），是一座道观，主要殿堂中供奉的四大天王、三清祖师、三官神像、东岳大帝等，都与张王无涉，惟在三清殿之后，在一座坐北朝南的殿堂里，端坐一位神明，高约三尺，赤须怒目，顶盔贯甲，执握钢鞭，人称“张王神”。果真张士诚？康熙六十年（1721年）南浔《广惠宫碑记》按：“宋治平间建灵济张王庙，即祠山大帝行宫，中为三清殿，后为东岳殿，此广惠宫之缘起也。”《续文献通考·群祀考》：“祠山大帝姓张，讳渤，宋仁宗康定元年（1041年）始封灵济王，宋徽宗崇宁三年（1104年）赐庙额广惠。”很明显，南浔广惠宫祭祀的张王是张渤，并且，上引“碑记”所考“祠山大帝遗事”也是张渤的事迹，与张士诚无涉：

帝姓张，名棣，生而神奇，将引苕霅二溪之水，通至广德，身变猪龙，掀泥掉石，被家人窥见，遂不果。后成祠山之神。大六十里水路未通，帝之所遗憾也。

尽管张王庙中张王非张士诚，但在南浔人的心目中，他就是张士诚。

辑里·中国

七里丝（后来雅化为“辑里丝”）的出现改变了南浔的历史。有明一代，小小一个市镇，声名上达京师。明末崇祯年间，市廛云屯栉比，周遭四迄，自东栅至西栅三里而遥，水则运河，陆则荻塘。翻开清顺治初年潘尔夔的《浔溪文献》，可见：时，“南浔阛阓鳞次，烟火万家，苕水流碧，舟航辐辏，虽吴兴之东鄙，实江浙之雄镇”；而里中耆老则说，此前明正德（1506～1521年）之时，浔溪街对面，还是苇荻丛生，居民尚鲜。

辑里丝

人说，辑里丝之擅名，一依天赐之水，此言不虚，但辑里丝之佳，不独地利，亦赖人力。明万历年间（1573～1619年），七里村人改良蚕种，培育出一优良品种，蚕茧小似莲实，称“莲心种”，以此所缫之丝，纤度细、拉力强、色泽鲜、解舒好，同时人们又将缫丝车从单绪手摇改进为三绪转轴脚踏。这样，七里丝便“细、圆、匀、坚”俱备，脱颖而出了，“湖丝惟七里者尤佳，较常价每两必多一分，苏人入手即识，用织帽缎，紫光可鉴”（朱国桢《涌幢小品》卷二）。七里丝小有名气了，渐渐成为“湖丝”的代称，湖州所属之菱湖、双林、琏市，包括当时尚属湖州府辖的乌镇，甚至江苏震泽地方的丝，都冠以“七里”之名。据说，康熙和乾隆两个皇帝身上的龙袍也是用七里丝做的。伴随着七里村雅化为辑里村，清雍正以后，“七里丝”也就称为“辑里丝”或“辑里湖丝”了，辑里周边百里之内所产之丝，都成了“辑里丝”。

清道光初年，辑里村人“合二丝为一”，以经车制成辑里丝经，1825年（道光五年）行销外洋，真正是“衣被天下”了。据《徐遇斋日记》：1844年（道光二十四年）英国女王维多利亚诞辰庆典，清朝廷以辑里丝为礼品，大受英国人的赞赏。

经过清代200年的发展，辑里丝与南浔镇的荣耀让全中国人艳羡不已。晚清五口通商以后，辑里丝经进入国际市场，南浔进入她的全盛时代。

读完1847～1848年的《上海生丝贸易报告》，人们就明白南浔当时是何等的一个地位了：中国出口生丝，几乎全部产于浙江北面的三个府，即杭州府、湖州府、嘉兴府。靠近宁波的绍兴府，也有丝出口，但数量不多。上述三个府中，湖州府的产量较其他二府为多。湖州府最大的生丝集中市场有三：即南浔镇、菱湖镇、双林镇。南浔距上海比湖州还近25英里，生丝常自南浔镇直接运往上海。因为中间地区，河流纵横，运输较为便利，费用也省（费五六元，可雇小船，运80至100包生丝），沿途又无税卡阻挡。报告者肯定地得出结论：上述三个丝市中，最大的一个是南浔镇，当然也就是中国生丝的最大市场。在报告之前的四年（1844～1847年）中，经上海口岸输出生丝58773包，其中辑

辑里丝之擅名，一依天赐之水

里湖丝32365包，占55.1%。这个数据是很能说明问题的。

丝农生活

无数纤细的丝线，网络成全国最大的市场，使一个村落成为世界知名品牌的命名依据，在整个中国经济史上这都是值得大书特书的。但文化要涉及生活，以人文为主题。

朱国桢（1558～1632年），南浔三阁老之一，晚年隐居故里，似入桃源：

年年饮梅水，此际梅初黄。
飘洒如有意，淋漓更不妨。
贫家贮百斛，天心润一方。
鸯鸮催种谷，妇子插秧忙。

朱公的心境太好了，他的《即事》使生活变成了艺术。与朱国桢相比，明清易代之际的董蠡舟，有那么几首诗倒是真正就着丝农家事而发的：

亲串过从情密迩，婚姻不出一乡里。
课晴问雨每相偕，只隔盈盈衣带水。

从春节开始，亲戚之间走村串户，“课晴问雨”，其乐融融，但不久：

一自蚕房深闭门，从教彼此绝音尘。
不知蚕信今何似，消息传来苦未真。

在《望蚕信》中，关于养蚕的细节，这里似乎过于简略，道光时的董恂《搭山棚》细致描画了蚕房的情形：

蚕老须置山上头，搭山缚棚屋四周。
中央巨竹横又纵，上铺芦席如平畴。
高低结束事粗了，忽听笑语谈湖州。
不知花格竹何取，工夫破费真无谋。
岂如侬家最省便，一般作茧无他愁。
上安蚕帚下灼火，也如户牖同绸缪。

尽管劳作于如此逼仄的场所，蚕农的心中却充满了憧憬：

只怜屋低立难直，终朝棚底行伛偻。
但愿今番得大熟，明年起屋高于楼。

董蠡舟的《缫丝》很写实：

舍南舍北绿树浓，轧轧声彻村西东。
灶燎薪蒸傍炽炭，毂回轴转如旋风。

蟹眼已过汤正沸，赤手招来绪无既。
如衣挈领纲正纲，众缕皆从一头曳。
一蚕为忽十忽丝，茧数由来多寡异。
三眼两眼复不同，缫成以此分粗细。
手搴足踏珠汗淋，阿姑悯侬劳不任，
令侬少息起相代，追凉闲步来深林。

蚕忙季节里，村妇的步履匆忙而轻捷：

林边偶值邻村妪，为语今年丝好作。
立谈半晌急趋还，如雪刺梅满归路。
入门相视一笑哗，满头插遍缫丝花。

一季的忙碌有了收获，债务、赋税、田租一应清理结束：“新丝卖却偿加一，新绵准折还租毕。”还有“软茧”需要剥煮和漂洗，以之为制作绵绸之用。董蠡舟《澼絮》专门记述了相关环节：

仅余软茧是粗材，区区犹是侬家物。
春花豆麦方登场，夏至已过齐插身。
阿侬此际独无事，剥煮功多趁日长。
煮成要借清流激，小竿持至头溪击。
拣取一方凉最多，柳阴深处来洴澼。

紧接着，诗人将“澼絮”与家庭和乡区生活联系起来，读来令人心酸：

晚来邂逅东家妹，为言夫婿耽樗蒲。
漂成携向博场去，不足供渠一夕输。

丈夫沉溺于“樗蒲”博戏，妻子倍感无奈。此处虽为诗作，其价值丝毫不亚于史家们常常征引的地方志书。无论是诗人，还是修志人，皆为乡贤，以“里人志里事”，其间抑或虚饰，但经过甄别和剥离，一幅乡民生活情景得以显露。这里，不妨认识一下乡贤们跟历史素材的存留相关的生活情境。1761年（乾隆二十六年），南浔近邻的袁庄人方熊在《南浔文献志·序》中对自己的工作做了相应的交代：“距予家三里而近，曰浔溪。少而游焉，长而足之所历殆遍。其风土习俗，固熟悉已不特此也。时而闲居晚望，见东南烟缕缕起，与云雾相杂，谛听之，则熙攘之声盈耳。窃私心养养然，以为是不啻沣镐鄠杜间也，当大有可记者。且尝与里中父老絮谈浔上往事，指而目之曰：自前明迄今，冠盖者若而人，嘉遁者若而人，操著述而擅风骚者若而人，心又养养然，欲举而笔之于书，为浔上佳话。……爰取（《潘志》）原本，复采摭旧闻，旁搜说部。仍据门类增之削之，更与同志细为商榷。……端居穷巷，无能远为搜罗，或失之挂漏，或失之繁芜。只从耳闻目见，随得随录，存其所可信，祛其所可疑，渐积草创。”

“小天京”

1860年，太平天国东征苏浙，南浔地当苏湖要冲，当年农历六月十二日黎明，太平军马步队约千人，水陆两路，从震泽攻进南浔东栅，午后扬帆而去。当地的枪船、土匪，立即劫掠店铺和富室，并到处纵火。李光霁《劫余杂识》记道：“入夜登楼南望，火光十余处，径直如线，上透云霄，延烧三昼夜，十五日始熄。镇人渐集，而万家烟火之区，大半已成焦土。是役也，为吾镇第一次遭劫。”

1860年12月，太平军将领詹天燕率部进驻南浔，安民告示，设乡官管理。

1862年初，詹天燕为便于驻防和囤粮，在南浔开濠筑城。城在东栅，沿洗粉兜至东吊桥，依运河延至总管堂。二月中旬城成，詹天燕官署迁入土城内（大致在后来的庞家花园附近），并在其后不远处开炉铸造武器。另外，马家港桥下连石宕，又有栲栳湾一带，亦皆有土城。蒋家桥设有丝捐局，并在四栅另设分卡收取厘捐，故又称厘捐局；对于外销蚕丝按包征捐，充作军费。丝船往沪，太平军用枪船护送至江苏盛泽外。太平军和乡官也有直接开设丝行的；南浔有四家太平军开设的官丝行，管理各私家丝行，分别为：西栅庄恒庆、李恒鼎，北栅吴晋昌，南栅卜同昌。

太平军基本控制湖沪水路后，鼓励湖丝外销，备“中国号”轮船专供运丝之用，往返于上海、南浔之间。上市卖丝的乡民少了，商人便直接至乡间收丝，年购丝款达800万～1000万英镑，以至“乡人惰于稼而勤于蚕，无不桑之地，无不蚕之家”（温鼎《见闻偶录》），时人称南浔为“小天京”，说明丝市一度是很繁盛的。

太平军不可能长久驻扎南浔，1864年3月，撤军。

跟太平天国进驻南浔时一样，太平军撤军时，据说死难百姓很多。责任在于清军，还是太平军？恐怕谁也不能断然结论。过去我们常常根据意识形态而非根据历史事实简单推断：这一定是清军造的孽！似乎缺乏充足的理由。

战争对无辜百姓的伤害一定是双方的。南浔的百姓只记忆了一个事实：太平天国时死了很多人。于是，每年农历六月十九日，南栅广惠宫的道士们身着彩服，手执法器，为死难亡灵超度。这天是佛教中的观音生日，观音菩萨是一位慈悲之神，同情屈死的南浔百姓，似在情理之中，但在道观中由道士们主持仪式似乎有些不伦不类，但历久相沿的民间信仰却把一件历史事件长久地存留下来。

太平天国时期的南浔丝市，在那样一个非常特殊的环境里仍在持续运作。这里有一张李圭《通商表》提供的事实：在1859～1864年的六年间，湖丝经上海出口达38万多包，其中1862年出口量10万余包。1863、1864年辑里丝占英国进口中国丝总量的35%左右，大大超过日本丝，而且在伦敦市场上，生丝的价格也以辑里丝为最高。仅仅根据这些数据，我们还不能确定太平天国运动对南浔丝市产生了什么影响？因为谁也无法假设，没有太平天国，南浔丝市会怎样？

但有一个现象已经引起经济史学者的注意：太平军进军湖州，一批南浔丝商、富户避难上海租界，得以直接与洋商接触，南浔“四象八牛”中的许多家族正是由此发家致富的。作为“四象”之首，刘镛在南浔被太平军占领前，已经来到上海丝业。“四象”之一的庞家庞云镨于太平军进攻湖州时避居沪上数月，经营丝业。“八牛”之一的周家，也于太平军进击南浔时辗转到沪，开设申昌丝号。另外，金家协隆丝栈、梅家恒裕丝行等先后都有过类似的经历，他们懂得一些洋泾浜外语，其中一些南浔丝商就做起了“丝通事”或“丝买办”的营生，成为沟通中外经济的桥梁。如此说来，太平军与南浔丝商的崛起有着微妙的联系，但这种联系不但跟太平军的主观努力没有关系，可能在很大程度上还会遮掩事实的真相。应当看到，1840年代末，上海开埠后的中外通商乃是历史发展的基本趋向，后来跻身“四象”级的陈熙元早在1850年代初就到了上海，成了

“八牛”之一的周家，也于太平军进击南浔时辗转到沪，开设申昌丝号。这是周昌炽之子周庆云，《南浔镇志》的作者

“丝通事”，在浔沪两地同时开设丝行。所以周庆云在志书中说：“道光以后，湖丝出洋，其始运至广东，其继运至上海销售；南浔七里所产之丝尤著名。出产既富，经商上海者乃日众。与洋商交易，通语言者，谓之通事；在洋行服务者，谓之买办。镇之人业此因而起家者亦正不少。”在此过程中，太平天国可以说是一个刺激因素。

太平天国撤离南浔后，丝市的情形是十分清楚的：出口开始下降。是清军的破坏吗？也许，但以更长远的眼光看，人们应该承认，已经辉煌了200年之久的辑里丝在技术上已经发展到它的极限，辑里干经的发明给南浔的丝市注入了最后的兴奋剂，使这个中国小镇继续风光了几十年，事实上，光绪年间（1875～1908年），湖丝仍“以七里所产为海内冠”，民谚有“湖州整个城，不及南浔半个镇”之说。南浔的巨富们——所谓“四象、八牛、七十二墩金狗”——的身上因此抹上了最后的余辉。

湖州蚕农（19世纪末西洋铜版画）

不能释怀的还是丝

这么个巨富之镇，在政治上抬升一下地位，在逻辑上是顺理成章的。据称，孙中山特许南浔成立特别市。1911 年 11 月 7 日，南浔光复。彭周鼎奉命抵浔，传达浙江省军政府汤寿潜都督手谕，授权彭周鼎筹组南浔市政府。11 月 20 日在义仓开会，选举市长，市府下设民政、财政、教育等科；另选议事会，由议员十余人组成，为民意机构。选举结果，彭周鼎当选市长，张笃生、屠辅清、张渭丞、闵季望、刘颂驺、梅履中等当选科长和议员。市政府设在义仓。成了市，镇人兴奋地庆祝了三天，但后来又取消了市的建制，原因是：不符合地方政府组织条例。

工商业家们感到了压力

是市还是镇，无关紧要，令南浔的富绅们不能释怀的还是丝。

开拓了国际市场，就得适应当时欧美机械丝织业对于生丝的要求。1873年（同治十二年）南浔周申泰丝号周昌炽，聘来邻近（江苏震泽）双杨镇之业苏经者，改良丝经制法，仿效日本，纺成东洋经，称“辑里干经”。原先的辑里丝经（苏经、广经）由左旋右顺摇，而“东洋经”由右旋左逆摇。干经洁白、匀称、柔韧，其价格与品质足与机械丝相颉颃，仍然畅销欧美。这样的势头一直挺进到20世纪30年代的中叶渐渐衰落。辑里干经当然还是手缫土丝，与当时风行世界市场的机械“厂丝”相比，劣势是明显的。美国哥伦比亚大学教授乞的克在《论中国七里丝》中的介绍，让我们明白了厂丝与土丝在技术上的区别以及由此而产生的优劣势：近代中国丝约分两类，一曰厂丝，二曰白经丝，厂丝不过占中国丝产之小部；大部之中国丝，多由乡村妇女手缫而成。机力缫成之丝，统称厂丝，厂家置备机械，终年作工。而蚕蛹化蛾，仅在旬日间，故凡厂丝之茧，悉经蒸薰，庶巨量之茧，储置经月，蛾不破茧而出。厂丝之佳点，在条纹大小匀净，适宜于各项丝织品。七里丝者，手缫之丝也。苏沪西南，有湖曰太湖，沿湖气候适宜，湖水洁净，桑枝肥润，育蚕最宜。三四月间，百里间悉为蚕场。蚕蛹破丝方竣，乡人即采茧盛筐，旬日内悉缫为丝。新茧成丝，未经薰蒸，故光色鲜艳，韧力富充，此乃七里丝胜于厂丝也。

但有一点是明显的：厂丝必然取代土丝，南浔人因此而逐渐感受到了压力。1921年，南浔丝业代表团（张鹤卿、梅仲生）赴美国纽约，参加第一次万国丝绸博览会，外国用户对湖丝颇有微词。1923年，又有美国丝商观光团来到南浔，丝业公会在“端义堂”大厅举行盛大欢迎会。当时美国辑里丝最大用户、丝织巨商钦纳和培定，及美国生丝检验所所长陶迪，向南浔大丝商们指出：辑里丝的最大缺点是条纹不匀，丝质不净，不能用于机织，故不得善价，如此将被日本丝淘汰。当时陪同在浔观光的李佑仁事后发布了一份《致上海丝会、浔震各丝号书》，对于辑里丝依然故我的现状十分焦急：“试观吾国未有丝厂以前，此间（美国）绸商因亦用辑里丝，且辑里丝天然色光而强拉力，固为丝商所公认，特以条纹不匀、爪角胶质等种种不合，初用以为织绸原料者，继仅用作绸之纬线，犹以条纹粗细之太恶，织绸家摒而不用，仅籍丝缎带厂领结、绸袜排须丝线等家用之。”1925年4月，又有美国史丹利丝织公司赫利·史丹利，与上海生丝检验所所长白克纳，万国蚕桑改良会技师何尚平，由沪来浔考察蚕桑状况，并与丝业中人座谈丝业改良问题。

南浔丝业渐渐走向现代发展之路。1925年，南浔丝业公会会长庄骥千，率先在方丈港创设“南浔改良七里丝传习所”，置缫丝木车50台，聘用陈师颢、张德嘉传授缫丝技术，积极推进土丝改良，盛极一时。1926年，与同乡富商、丝绸实业家庞元济和周庆云一起集银12万两在方丈港征地18亩，兴办南浔汽机改良丝厂，开南浔机械缫丝之先河。就在这一年，在张王庙南侧，梅恒裕丝厂创办，创办人为丝商梅履正与其侄梅丹若；梅家厂丝年产200包，其丝产品分别于1911年和1915年获国际金奖（意大利工业展览会和巴拿马国际博览会）。1928年，中国合众蚕业改良会在南浔设立蚕业改良所，推广改良蚕种，指导蚕农改进育蚕方法，效果十分显著。1929年6月，在我国第一次举办的西湖博览会上，南浔汽机改良丝厂的改良丝、梅恒裕的辑里丝获特等奖；慎大振、恒丰等参展者获优等奖。[①]

至此，辑里丝由传统手工业演变成了近代机器工业。因为它的发展前景与外部世界的变

① 朱从亮：《南浔文献新志》（内部资料），2000年。

1911 年梅恒裕丝产品获意大利工业展览会金奖

1915 年梅恒裕丝产品获巴拿马国际博览会金奖

化和地方社区应对方略等诸多因素密切相关，在这里不宜展开讨论。应该说，辑里丝已经到达它的生命顶点。

丝农们的心事

进入民国不到 20 年头，为什么洁白光亮的辑里丝卖不出去了？即便勉强卖出去了，为什么卖不到好价钱？农民的日子比丝商还要难过。几年下来，每况愈下：上一年，他们已经有过一个恐慌的夏天；到秋天，水乡上迷漫着淡雾的时候，不能不把丝轴在最低的价格里卖掉。第二年的春天又来到了，嫩黄的桑菜从粗糙的枝干上茁露了，他们不能不出高利向富绅借钱。辛苦了一个春天，洁白的丝又绕在竹编的轴上了，却还是个恐慌的夏天。哪禁得上三四年，都负上了还不清的债，戴上解不去的忧愁的脸。①

不会是“风水墩”没能镇住浔溪的风水？看来不是。在“风水墩”那边，从江苏省到南浔走亲戚的震泽人也说不清这是怎么回事：“先前一车丝可以有10担米的收入，……不晓得啥道理，丝价越来越便宜，最低时一车土丝只能卖到三担米钱。这一来日脚就难过了，摇

② 徐迟：《一个镇的轮廓》，《徐迟文集》(卷二)，长江文艺出版社，1993 年。

丝赚不了钱，只得去借债，大多数人家都前吃后空。”

先贤箴言：由俭入奢易，由奢入俭难。自太平天国之后，随着丝业的日益蒸腾，小镇人的日子一天好似一天，“四象八牛”之属不必谈，寻常百姓之家也颇为滋润。如此半个多世纪，这一方土地根本没有国势日颓的感受，19世纪80年代之后，人们也能从《申报》、《新闻报》上读到一些中国在某某战争中失利的报道，在给《申报》订户夹送的《点石斋画报》上还可以见到这类时事图像，茶馆里也不时传出某某地方土匪猖獗的消息，不过，那几乎是“海客谈瀛洲”，饭饱酒足之后，总是要有一些谈资以助消化的。

1880年代之后，人们也能从报刊上见到一些时事战争报道

国民革命的情形

1924年1月，在广州召开的中国国民党第一次全国代表大会，在中国现代政治史上具有里程碑的意义：国民革命由此开始。

军阀的命该革

国民革命的过程，也是北洋军阀统治崩溃的过程。北洋军阀主要的活动区域在北方，但它们及其背后的帝国主义主子的势力却延伸至江南。1924年9月，盘踞江苏的直系军阀齐燮元向浙江的皖系军阀卢永祥进攻。（江浙）齐卢战争爆发。双方在嘉定黄渡、太仓浏河一带对峙，战场离南浔还远，但一些残兵贩卒屡屡过境。尽管有地方当局和民间公益组织出面接待这些不速之客，小镇还是有些不堪其扰。学堂不能正常开课了，商家不能正常营业了，航船不能正常行驶了。有些胆小的猫到了乡下避风头，过几天回到镇上来检查检查门锁，远的甚至逃往安徽的泗安、广德。陈石波先生那年8岁，与丝经行的头面人物张鹤卿同住在一幢石库门内，大约一月有余，他只看到张先生与商会会长庞赞臣进进出出；大人们每日谈论的也都是将某部某部“礼送出境”之类。一波兵匪“出境”了，太平数日，又来了一波，照样“礼送”，倒也“井然有序”。但不久运河里开来了十余艘汽轮，这一部的头目叫白宝山。居民们都在等待“礼送”，突然大街上架满了美孚火油桶：听说白宝山漫天索价，镇上难以承受，兵匪就以纵火相威胁。这一来，居民们紧张了。躲在破旧的黑房子里，徐迟只听得母亲愤怒地说：啥个齐燮元、卢永祥，啥个孙传芳、夏超，全是恶棍、土匪、强盗！过了一会儿，她又说：这肯定是要出真命天子的时代了；真命天子必定已经出世了：可能就是孙中山，可能还有一个比孙中山还要好的人物。

天快黑了，陈石波才见张先生回到石库门，长舒一口气：事情似乎解决了。张先生说：“款项已筹集交付，夜间如听到汽笛长鸣时，你们可安心睡觉了。”果真子夜时分，呜呜之声萦回耳际，方知败卒已遁。次日叩询张先生，始明费去六万银元了事，不要纸币。数目巨大清点不易，船上头目诳称有误，须当事人下舱清点交割。众人面面相觑，莫敢向前，恐贼有诈，惟独商会会长庞赞臣先生挺身而出，奋然下舱，点明全数无误。①

事情过后，庞赞臣先生在一份《犒军报告书》中，以犒军参与者的身份，通过另外一个镜头再现了那段惊心动魄的小镇磨难：(农历八月)二十八日，苏军白宝山、皖军史俊玉并至，不下万人，庙宇之外，如邱祠、邢氏、张祠均为所占。史军纪律尚佳，白军则蛮横殊甚，其势汹汹，不可一世，强买硬欠，不一而足。南栅申家坝某姓童养媳，至被军士三人轮奸，某草棚江北妇亦遭强暴，凶恶残狠，甚于盗匪，令人发指，而眦皆裂也。次晨，史军贾团长索饷千元，即行开拔，而白军则迟迟不行，其马队亦索二百元，大有不得不休之势。那一年岁次甲子，长辈们称为“甲子之难”。

革命的感觉

镇民们咬牙切齿：军阀的命该革！1924年初的国民党一大宣言指出：所谓“国民革命”，当然要依靠国民——“全国农夫工人参加”，“然后可以决胜”。在全国，两湖和江西乡村的革命最为高涨。在国民革命的旗帜下，南浔也曾经有过一番动作。1927年2月，国民革命军旅政治部主任王尔琢进驻南浔，旅部驻在南东街张王庙南首的振成当铺，政治部设在皇御河边的颖园，警察分局改成了公安局，搬到西栅祇园寺；1913年成立的“南浔自治会”作为军阀地方政权组织被取消，代之而起的是“中国国民党浙江省党部直属第一区党部”。小镇天翻地覆。在范希仁先生的《王尔琢在南浔》中，我们能感受到革命的力量：

> 组建于1926年的南浔工会，也立即进行组织整顿，成立工人纠察队，发给枪支弹药，发动职工向封建势力进行了猛烈的冲击，封闭了同善社，逮捕了恶霸地主张某。这时，镇上相继建立了农民协会和以丝厂女工、小学女教师、部分家庭妇女组成的妇女会，宣传男女平等，反对缠足、虐待童工和童养媳。……对一些以地方名流面目出面挖苦、刁难革命政策，企图挑拨国共关系的，王尔琢当场驳斥，并向部队报告，要官兵们提高警惕。对投机混进革命队伍，结成右派势力，企图夺取区党部领导权的阴谋活动，王尔琢召开党员、工会会员、农协会

① 陈石波：《1924年南浔历险记事》，《南浔通讯》，1902年9月3日。

国民革命军来到小镇，镇上的人像看迎神赛会一样夹道观看。我们走过了大街过大桥，再往南栅走

员大会进行揭露，并把他们当场逐出会场。对制造混乱、阻挠反霸清算运动的，王尔琢发动了一场“讨阀”运动，责令所谓地方名流的金熙在大街上张贴认罪书，并以“捐助北伐军寒衣”的名义，要其拿出一笔款项。对拉拢利用工会骨干，唆使他们制造舆论、攻击区党部左派人士的，王尔琢及时对被利用的人进行教育，启发他们交代受骗情况，借此予以揭露。

这是标准的传统编年（政治）史的叙述方式，而这种叙述，在许多教科书上似曾相识。但在一般镇人的眼中，革命似乎并没有那么惊心动魄，真有些像“请客吃饭”：

1927年的年初，穿灰色军服的国民革命军来到小镇。这是一支很稀罕的军队，群众非但不怕他们，他们还受到群众的欢迎。中学生列队到东栅外去迎接，然后跟随在士兵的队伍后面，也排成了一字长蛇阵，上街游行。我们手里拿着小旗子，唱着“打倒列强除军阀，国民革命成功齐欢唱”的歌，还喊口号。经过主要的大街时，镇上的人像看迎神赛会一样的站在街道两边，夹道观看，好不热闹。我们走过了大街过大桥，再往南栅走，经过那几座桥到丝业公会、张皇庙和对岸的商会。军队就分散在这三个地方休息。我们也散了队，各自回家，去温习功课。[①]

① 徐迟：《江南小镇》，作家出版社，1993年。

东洋鬼子来了

“甲子”劫难过后，小镇人关心的还是辑里丝出了什么问题？起先只听说日本的厂丝占了土丝的先，谁曾想，20世纪30年代一过，日本人忽然占领了东三省；第二年日本攻打上海，本来还觉得挺遥远的事儿一下子到了眼前。镇上只有一台无线电收音机，南浔中学的几位老师负责收听和记录新闻，再编辑《南浔无线电消息》的小报，向镇民传播上海战事。后来，浔申航运恢复了，报纸也能看到了，不编小报了，但镇人还是习惯于每天打听：日本人已经打到哪儿啦？中国军队抵抗得怎么样啊？1937年11月14日，日军占领了平望，看来这一劫躲不过了，镇人纷纷开始了逃难。徐迟先生后来回忆道，那时的人们成了蚁蝼之辈：大家都在考虑逃命的事儿，熟人碰见，道一个歉，就像两只途中相遇的蚂蚁，碰一碰鼻子，三言两语，很快各奔东西。不知有多少人，在这个小镇共同生活了几十年，这一别，再也无缘相见。听说徽州山丛水险，日本人进不去，大家都向皖南方向逃。方锡琴那年11岁，父亲还要安排商号里的事情，脱不开身，便把她投入难民流中，伴涌至安徽歙县。当时有钱人家都来到黄山脚下，人们总说乡下生存空间大些，于是一些人又跋涉到更为偏僻的山城里。南浔成了永远的记忆。

灾难降临的时刻

11月18日下午4时，日军从震泽分两路进犯占领南浔。当天夜间，火光烛天。

半个月之后的12月5日，章芷园和吴彦臣两人搭伴回浔探视故居，得日军许可，周览全镇，所见情形，触目惊心：运河以北的东大街，自清风桥迤东至吊桥止，上下岸房屋几成灰烬，仅存新桥堍关帝殿一所；西大街几无完壁。北栅宝善街及对河自清风桥湾起，至圆通桥一带，亦大半焚毁；北小圩、西木巷亦未幸免。惟百间楼东西两岸及藕头、栲栳湾、洗粉兜、唐家兜、牛棚弄等处，因在日本驻扎区内，幸尚保留。运河以南，东起马家汇，西迄大桥湾，沿河房屋，烬存无几。西栅下塘，自垂虹桥至丰年桥止，受灾较轻。南栅方面，南西街自丰年桥迤南，迄苏露桥止，仅存耶稣堂、商会、吴彦臣宅、张懿德一部分厅堂，及诸福兴糖坊；转弯北首，除香店外其余全部被灾。南东街则自大桥湾起，迄虹阳桥止，亦只丝业会馆、张王庙、丝厂后埭及刘宅后厅较为完整外，余均毁去。[①] 1938年3月，南浔旅沪公会对沦陷之初的南浔镇被毁房屋有一个调查，共4993间（幢），运河之南2732间，运河之北2261间。

在这次民族性的灾难之后，这个20世纪30年代急剧衰落的江南小镇失去了往日的风采，作为乡村农副产品集散地和一方文化中心，这样的小镇在江南区域内很多很多，如果要区别它们，人们习惯于在不同的行政区域之间，冠以“明清、民国”的话头，来表明它们的文化个性，因为在那个时期，许多江南小镇是惟一的，有许多惟一的人和惟一的事，以及这些惟一的人和事存在之后留下的惟一历史沉淀物：文化；而文化的细节需要在共时性的空间中从容展开。

兵荒马乱的日子

在日寇进镇之前，镇上许多人已经逃到乡下。来到金鱼漾里黄杨墩的皇甫再伯原是百间楼李家门埭的一位儿科郎中，房东李家的乡下祖居让他有了一时的避难所。1937年11月19日，皇甫不知道鬼子已经进了镇，因为放心不下那个诊所，便雇了一条船，一行7人想回镇上看看。船至北回桥，谁也没在意，桥上的日寇岗哨一梭子子弹从桥上飞下，7人一下子倒在血泊中，只有其中一人子弹穿颈根而过，没有当场死去。挨到傍晚，桥上的皮靴声似乎很远了，他才慢慢爬起来，摸索着把船摇回去报信。

张蕴昭一家的避难所离镇仅3里，有一天敌人来骚扰。邻居一个妇女，几天前刚生孩子，没法躲避，日寇闯进房屋，先用刺刀挑死婴儿，然后奸污了产妇。后来风声有些松了，要谋生的小民不得不回到镇上，但见太阳旗、炮楼、铁丝网……阴森一片，也不是人过的日子。寓居合肥的王华丽女士说：我家所在的徐家弄，弄北一片房子紧连着商会，那时被鬼子霸占为司

① 朱从亮：《南浔文献新志》（内部资料），2000年。

令部。我从小就特别胆小，在这种恐怖环境下，不敢一人出门，更不敢向北眺望，小朋友也不敢到我家来。我只得同比我大一岁的九叔在屋里玩捉迷藏等游戏。可是，九叔上小学三年级那年，一天夜间忽然肚痛难忍，我们不敢在黑夜出门找医生，因为鬼子见人要开枪的。全家盼望着赶紧天明好送九叔去治病，但九叔终未等到天亮就永远离开了我们。现在想来，九叔患的可能是急性阑尾炎之类，因为抢救不及时而冤死。而旅美同乡张明玉女士回忆：1944年，镇上许多人突然染上了伤寒病而死，她也染上了，父亲和外婆为她求神求佛、卖田卖地，得到一针（洋针）总算救了我一命。当时姑母为她赶做"寿衣"，病好以后才穿上。其时，母亲已因为伤寒而逝。1990年，张明玉女士从报上得知，当时日本人在浙江许多县镇"打细菌战"，害死了不少人；她怀疑：南浔的伤寒病毒是日本人有意传播的。湖州陈振庭的父亲40岁上染霍乱而死，不过，他没有往日本人的"细菌战"上想；对于鬼子的凶横，他是亲身经历过的：我家住在南栅毓秀桥堍，斜对面是日本宪兵队所在地，门前市河里停放着二三只方头木制机器船，他们常常开着船到乡下巡逻，抓什么支那兵（抗日游击队），强抢百姓的粮食和母鸡，甚至无辜烧民房杀群众。方头机器船回来时，有时捆绑着老实巴交的农民，被送进豺狼般的宪兵队。鬼子抓不着"支那兵"，这些农民便成了替死鬼。有一年大年三十，张蕴昭一家围聚在烛光旁，正要举杯，突然一阵枪响，尖厉地划破夜的沉寂。父亲说："白天听人说，日寇抓到几个老实巴交的农民，却说是支那兵，今晚要枪决。"善良的农民在团圆之日死于非命，这些冤魂，飘荡在黑森森的苍穹，有家难归。此刻万家灯火若明若暗。①

① 此节资料来源：皇甫煃：《再悼念再伯哥》，王华丽：《故乡的徐家弄》，张明玉：《祖国繁荣昌盛　海外游子骄傲》，陈振庭：《抗战时期南浔回忆》，张蕴昭：《国恨家仇》，分别见《南浔通讯》1997年11月17日，2003年2月28日，2002年10月1日，1998年7月29日。

汪氏地图的文化释读

南浔，一蕞尔之区，而前后出现志书十余部，上起明末，下迄上个世纪末，镇志之富，居浙江全省市镇之冠。现存成于道光二十年（1840年）的范来庚《南浔镇志》，成于咸丰八年（1858年）的汪曰桢《南浔镇志》，成于民国九年（1920年）的周庆云《南浔志》，而以汪志最有价值：前此范志多所讹漏，自云荜路蓝缕是也；后继周志体例沿循汪志，自云『视汪志则稍广』而已。故汪志一出，『一时名流所重，世人所倾叹』。

汪志纂述者汪曰桢（1812～1882年），字刚木，号谢诚，出身于诗礼之家，父亲『工诗有令名』，母亲亦出名门，博通经史，卒志教子。有此家学渊源，汪曰桢精于史学、词章、算术、天文、历法、医理，穷其一生，不废文墨，致有晚清重臣左宗棠褒之为『品端学邃，识议超群』，信矣！

汪志附南浔镇区地图一幅，以传统绘技，尽显一镇自然生态与文化景观，观此非但于一个半世纪以前之浔镇人文地理了然于胸，抑且可依此推演此后各个历史时段社区变化之纤微。承前启后之妙尤使我们欣喜。

然而，无论如何，它毕竟是一张静态的地图；地图背后的沧桑变迁、世态炎凉、众生沉浮，需要我们按图索骥、钩隐抉微。于是，我们试图将一方地理敷读成几缕文化。

溪，及其船和桥

浔溪是两条溪，一条是从南向北流的市河，一条是从西向东流的运河，[①]两流交午相贯于镇中心，形成一个十字港。

浔　溪

南北市河之水，南源于德清；东西运河之水，西源于苕溪。从天目山淙淙而来的苕溪水，流进湖州，在城东沿一条人工开凿的运河淌向南浔。这条运河位于湖州城东，称东塘河，晋永和八年（352年），吴兴太守殷康组织开挖。河堤两岸芦荻丛生，又称荻塘河。唐德宗贞元八年（792年），湖州刺史于頔大规模重修，民怀其德，改“荻”为“頔”，故又有頔塘河之称。运河东向迤逦而达南浔。

西东—南北两股水流，相依相偎，淌过一个人烟稠密的街市，有了一个浔溪的名称后，分两支离开浔溪：一支汇入北栅外的古溇港，暂蓄稽五漾后，北注太湖；一支闯过东栅外的分水墩，经吴江莺脰湖，东泄黄浦江入东海。

南浔的轮廓就由东西运河和南北市河经纬而成；经纬相交的那一点是一座桥：通津桥，最早叫浔溪桥，南浔成镇之前的一个村落——浔溪村，就是以此命名的。这里成为镇中心自然是有历史底气的。

浔溪土桥什么时候改成通津桥的，还不清楚，但明清时期，这里已经成为沟通四乡和邻镇的津梁。清曹仁虎《浔溪竹枝词》有：“听道今年丝价好，通津桥口贩船多”，说明当时的通津桥畔已成为繁荣的丝市。在镇人，更习惯地称通津桥为“大桥”，因为它是全镇的制高点；立于桥顶上，可以望见：

一条从南往北流的市河在下面和从西往东的苕溪十字相交。南来北往的河上也有桥，较小一些，而数目却多得多，少说

① 浔溪何指？有两说：一曰两溪，明《一统志》，“浔溪自运河东流与震泽莺脰湖相接。……然则运河及南北市河皆古之浔溪也”；一曰运河，清道光沈登瀛《南浔备志》：（《浔溪祇园寺庄田记》）碑言“（祇园）寺在浔北”，可为浔溪即今运河之证。本书依从前一说。

也有十几座。小镇的大小桥梁共有八十八座之多。而在这中心十字港口，井字形的四边的岸坡，全用琢凿成块的淡黄色花岗石铺砌起来。鳞次栉比的座座楼房的青砖黑瓦，粉墙明窗，就坐落在它们上面。它们的镶嵌着的木雕、砖瓦雕使楼房显得十分讲究。临水的一面都有桥石，可拾级下降到水面，下去汲水很方便。水上的波光一直映入水阁的窗内，映照室内的考究陈设和华丽装饰。大桥北端踏着这条东大街，是商业区；南端踏着那个船长浜，是高级住宅区。在商业区里，人烟稠密，两边排列着各种店铺。[1]

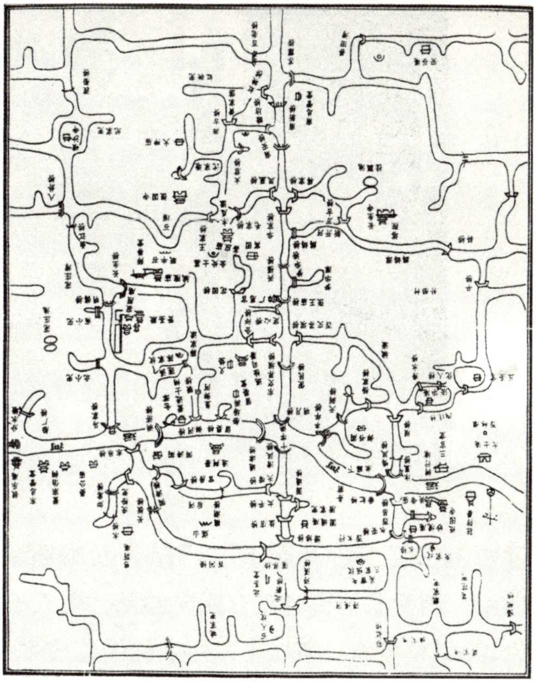

清汪曰桢《南浔镇志》附图，尽显一镇自然生态与文化景观

将放肆南北的视线收回来向西望，在同一条轴线上，苕溪水流过来的地方，横跨运河的第一座高桥是垂虹桥，那是镇子的西进出口处。可惜的是，在20世纪70年代，这座桥被拆掉了。拆桥的时候，有人亲见拆出的一块碑石，上书“大唐贞观×年尉迟敬德监造”。说法有些离奇：唐前期，垂虹桥左右是否有村落都成问题；人们不知道砌进这块碑的人抱有何种目的；至于这是什么时候的事，也没有传递下来。不过，由此可以说明，垂虹桥建于唐代虽不可能，但也相当早了，大约在元末明初。

垂虹桥的造型是很独特的：桥身从南向北，跨过运河与西大街垂直。或许是桥的设计者觉得这样过于唐突，在北桥尾自然分成伸向东西的两桥足，两足一尾的三点，交汇处成一平台，平台北砌一照壁，就像一道屏风，与西大街似隔非隔，东伸的桥足沿西大街至清风桥，西伸的桥足越西吊桥直通祇园寺。河南的桥也一分为二，一桥脚向东与下

① 徐迟：《江南小镇》，作家出版社，1993年。

通津桥是全镇的制高点

塘西街相连，有“米廊下”之称；一桥脚顺延向南。因为另一桥脚没有西向伸延，老人们说，垂虹桥是由一条缺了左后腿的龙变成的：它本来是天上的一条火龙，因为屡次危害人间，被玉皇大帝贬谪到南浔地面，化为一座石桥。最初，桥在西栅祇园寺前，但火龙本性难改，每当夜深人静，到处玩火，因此，镇上常有火灾。祇园寺老方丈便与火龙斗法，几个回合下来，火龙的一只左爪竟被方丈一剑斩断，跌落尘埃，便卧在运河上不动了：北堍的照壁是龙首，前面左右两条龙爪，就是东西两桥脚，龙尾在南堍成为龙体的延伸，由斗姆阁和御书阁相续，直通城壕；后面左右两爪，因被老方丈斩去左爪，所以只留下右爪的桥脚。从此，镇上太平了。

实际上，垂虹桥附近火灾仍然频发。周庆云《南浔志》云：“相传有火龙匿其下，故桥之上跨上塘街建晏公庙以镇之。乾隆十七年，其庙仍毁于火。今上塘桥下有楼屋。相传楼上不开窗，开窗则邻近必火，至不可解。”纪磊《垂虹桥》：

清溪百尺跨垂虹，俎豆千秋礼晏公。
今日祝融频肆虐，崇祠谁复起穹窿。

以通津桥为中点，与垂虹桥东西对称的洪济桥，是横跨运河的又一道彩虹；清董蠡舟《浔溪棹歌》：

运河横贯市中心，南北支流屈曲通。

画舫千家夹明镜，石梁三道卧晴虹。

航　船

在水乡南浔，河流四通八达，以船代步成为一种生活方式。

四乡的农民来镇上赶集多乘船，四栅加起来每天有300多条船上市。南栅自苏露桥至华家桥之间，每天从乡里来的船有100多艘：一艘连着一艘，密密麻麻，挨挤不开，一直延伸至苏露桥之南。西北栅从西吊桥河沿至北栅有200多条，所以当年的北西街在园通桥以北市面最盛。北乡的农民早晨上街时，各商店就忙碌起来，生意主要集中在上午九、十点这个时段。有些名气的老字号，如生余席栈、兆泰南货店、大成新纸店、同人和绸布店等，供应的商品够“乡气”：兆泰南货店的猪油细沙水晶糕，只有早市；将近年关，从兆泰出来的乡民茶笼里，总放着几个老草纸包，内装食品，上盖大红招牌纸，用细麻绳十字型一扎，在底部打上活结，以讨吉利。

这样的船称“航船”：“载客及寄书带货往来近处各城市乡村者”（周志），航船的主人称“航船主”或“航船班主”，一个村子里有这么

垂虹桥的造型是很独特的（旧影）

一家，多少年来一直操这项营生，甚至子承父业的也不少。南浔谚曰："街上道兄开茶馆，乡下道兄摆航船"，"道兄"是当地人对不务正业的浪荡不羁之辈的称呼，说明航船主的社会声望并不高。

船到了镇上，停泊都有固定的桥口，长年不变。泊在北小圩的几只帆船，俗称"山上航船"，来自五十里水路外的苏州洞庭西山，可见南浔的"乡脚"伸得够长的了。它们隔日往返一次，主要装运货物，亦兼带客人回西山。这样一种约定俗成的习惯，社会学家称之为"航船制度"。航船制度在江南乡村非常普遍。周作人说，在绍兴，"大抵中等的村子总有一只，每日往来城乡间，早上开船，傍午进城，停泊一定的埠头，中间大约有几个小时的休息，让客人可以访问亲戚或买东西，到下午开回去，到得村里总在快晚边了。"

早晨七点左右，需要托买日用品的人家已经拿了油瓶酒罐等在河岸上，航船主过来，把船靠一靠，接了瓶和钱就摇开了。航船主不记账，回来时全凭记忆，谁家的两个皮蛋，谁家的五十六文旱烟，一清二楚。

不过，再细心的人也有疏忽的时候。有一年，沈庄漾的航船主就忘了教书先生的一壶酒，因为先生脾气疙瘩，酒不好就嘀咕，航船主索性就从漾里灌了一壶水塞给了先生，心想：你嘀咕去吧！第二天，教书先生又托带酒，并且特别关照要昨天那种酒，说是那酒香极了。航船主暗自发笑：真是书呆子，那酒有的是；就在漾里又灌了一壶。谁知那天夜里教书先生就寻了过来："勿作兴的，拿一壶水来捉弄我？"航船主说："昨天是水，你说好；今天再灌一壶，有啥两样！"教书先生让他指认灌酒的漾面，一位老人琢磨出其中的缘由："原来那是沈家放酒缸的地方，昨天你把酒壶伸进酒缸里去了，沈家的酒自然是好酒。"[①]

乡村里血缘关系盘结，上了航船一看，全沾亲带故，坐下来就聊，聊时令节气，聊农业收成，聊市面物价，聊着聊着，船就进了栅内，航船还未系埠，岸上便跳下一群人，与船客谈起生意来：土丝、羊皮、鸡鸭……他们——当地人形象地称之为"跳船伕"——专门直接从农民手中批发乡货；不愿意让利的乡民带了土丝、湖笔、皮毛之类，由航船主带到各行店交易。航船主中介的买卖双方都是熟人，成交自然很快。航船主的主要收入就是这中介的佣金；如果乡下小店要托他批发一些小商品，也付一定的运费。每年镇上的商家照例也会给常

① 眭桂庆：《南浔民间故事》，当代中国出版社，2001 年。

来的航船主一些回馈。所以，航船主的收入应该是不错的。航船主当然更乐意这类代购批发生意，即便是纸扎“鳌山”，航船主买得也格外多。旧时南浔乡下去亲友家吊唁时就好送它：形如薄型的靠背椅子，下部有四只脚，用纸糊有城墙、城门，中上部糊成层层叠叠的山峦。与“鳌山”相比，冥洋的消费量更大、更日常。走在南西街上，乡民们常常为两种叫卖声而驻足：鬼店伙计不停地扑打冥洋发出的“噼哩啪啦”声；衣庄店门前的兜售旧衣的喊叫声：店员站在一方小台子上，有如说相声，把衣服的质量、价钱和特色介绍得很诱人。这些衣服大多是典当里没赎的旧衣，家境不好的乡民常常能够在这里碰到一两件价廉物美的衣服。

航船主日复一日地行进在镇乡之间，实现的不仅仅是人与物的流动，还包括乡村(镇乡)人际关系的沟通。钱应林先生的祖上在横街，后来来到镇上，住在南东街东交界坝桥南堍，后门临着市河，是航船的必经之地。张杏林是摇横街航船的，横街乡下的老亲戚常常托他带些土特产给钱家，这个印象，钱应林特别深：“张杏林总在船梢茶笼中取出如黄南瓜、老母鸡等，我们有日用品带往乡下，张杏林尽丢在茶笼里，茶笼传送着浓浓的亲戚乡情。”[①]这样的乡情，其实也是社会关系网络：“与许多别的社会不同，中国的社会关系结构在很大程度上是由流动的、个体中心的社会网络而非凝固的社会制度支撑的，因而礼物馈赠和其他互惠交换在社会生活中扮演着重要的角色，特别是在维持、再生产及改造人际关系方面。”[②]

农民买卖的事儿办完了，坐上茶馆，泡上个把时辰。北西街的风椿楼茶馆，上午总是茶客满座。秋菱上市时，菱贩就在河岸廊棚边卖熟菱。摊位上的菱种类丰富，毕竟是粗货，镇上的人不大会买它。下塘东街上岸的洋油弄里，有一家买菱的杨五，选料讲究，焖工极好，几十年之后，还一直有人提起。栅边的一些小饭店，俗称“荒饭店”，中午专门供应航船上市的农民；他们偶尔也会炒几个菜，抿几口“白烧”。时值“人间四月天”，蔷薇叶青，西木巷口，“有如红尘中一二等温柔之乡”的苏州阊门；20世纪30年代《南浔山歌》云：“卖丝乡人无其数，终朝吃得醉醺醺”，唱的就是这里。挨到午后“航船落市”，航船主站在船头，招呼着四乡的人上船；偶尔还会听到

① 钱应林：《家乡的茶笼》，徐元熹：《闲话北西街》，分别见《南浔通讯》2003年1月1日和8月1日。
② 阎云翔：《礼物的流动》，上海人民出版社，2000年。

水乡小镇

“铛铛铛”的敲锣声——绍兴的“哨哨船”也着手开船了。

镇人出脚远一些就坐船了。孩子们跟着母亲，“摇啊摇，摇到外婆桥”——真不是电影里的镜头。客船大多油漆锃亮，收拾得很干净，停在一些河埠边或轻荡在河中，等待乘客去召唤。坐在小小的船舱中也能观赏沿途风光，舒适而轻松。船名似称“圈棚船”，因为很像《南浔志》中的记载：“髹以油漆，头有栏阓者曰圈棚船”，但董蠡舟首诗中所描绘的“圈棚船”似乎还要靓丽：

圈棚栏槛照波鲜，水国家家具画船。
只少吴娘好身手，两枝柔橹荡凉烟。

她接近画舫船了。不过，真正的画舫船打扮得更时髦了，关键是功能不同：

马家港近御河西，桥畔巴竿扬小旗。
畴昔画舫名载酒，而今都换作沙飞。

可见，画舫船是体面人家宴客之用。曹仁虎《浔溪竹枝词》：

歌场开处在兰艭，小部丝簧竞按腔。
一种眼波看不厌，枣花帘子隔船窗。

镇人呼船之大者为“沙飞”，至于形制和功能，前清苏州顾禄《桐桥倚棹录》有载：“沙飞船，多停泊野芳浜及普济桥上下岸。郡人宴会与估客之在吴贸易者，辄赁沙飞船会饮于是。船制甚宽，重檐走轳，行动折舵撑篙，即昔之‘荡湖船’，以扬郡沙氏变造，故又名‘沙飞船’。今虽有卷艄、开艄两种，其船制犹相仿佛也。艄舱有灶，酒茗肴馔，任客所指。舱中以蠡壳嵌玻璃为窗寮，桌椅都雅，香鼎瓶花，位置务精。船之大者可容三席，小者亦可容两筵。”董恂诗云：

沙飞船往水中央，船背高台簇簇张。
今日里中太平会，耳喧乌爨正登场。

里中以沙飞船演剧酬神，谓之“太平会”，戏台搭在船上。

另据《重修浙江通志稿》：“船顶可架戏楼演剧，谓之‘楼船’。每年农历五月二十日，官祭弁山黄龙显利侯，雇佣此船往山下演戏；山上山下人山人海，个个仰首踮足望之。”董载昌《浔溪竹枝词》：

楼船开敞作歌台，画舫争先占水隈。
玉面怕同春漏泄，珠帘深处小徘徊。

这里，楼船成了歌台。

到郊外转一圈，或上坟，南浔人向来都坐船。清明时节，在郊野的河面上畅快地呼吸一天半天的清新空气，确是很惬意的事儿，这样的经历储存在记忆里，几十年之后，回放一遍，简直称得上美丽了：

抗战前，清明时节总要跟随父母到南栅外泥坝桥附近的祖坟去扫一次墓，雇一只小船，带上祭品和许多粽子，一路上要经过很多大小桥洞，还窜过漾塘，船进漾里令人心旷神怡。上岸走向祖坟地祭拜时，附近村里的男女老少就赶来看我们祭拜，祭拜毕，母亲就将粽子分发给他们，直到发完，父亲还频频感谢村民们对我们祖坟的照顾。[①]

大户人家的船是自备的，平日里用得少，停在自家船坞里，年终时依仗着它四处收账，俗称“账船”。民国年间，镇上的富户有的自备了小火轮。“八牛”之一的邱家宅院坐南朝北，面临运河，扼皇御河口。邱家的小火轮停在稍东的三板桥，因为那里有一个称作“仓潭”的深水潭。潭东岸的石库门是庞家“清节堂”药店，慈善性质，贫困人家有个头疼脑热的，免费供药；讨药的人看着邱家小火轮进进出出，也能消磨一个时辰。

寓居苏州的潘慧如出生在市河醋坊桥边，上个世纪40年代在南栅毓秀小学读书，回家的路就是从刘家的后门绕到前门。豪富的刘家，后门高耸着古朴的风火墙，墙外的小河蜿蜒向南向西，半抱着刘宅，隔河已经是一片桑地了。跨过一座小石桥，东南边是土地堂，孩子们最爱在这清幽的河埠观赏船只。他们经常发现刘家后门的河埠边停着几艘汽艇，从汽艇里弯身而出的大多操着沪腔，从埠头越过宽整的青石板白场，很快进了后大门。这样的情形看多了，甚至孩子们都能感觉到刘家的不凡气派是由河埠里的汽艇营造出来的，因为汽艇来自外面的大世界。

刘家的前门是市河，市河里也有汽艇，在醋坊桥边，潘慧如是在门前看着来来往往的船只中度过童年的：

在我家门前经过的汽艇，记得大多属梅家丝厂那一艘。当它偶尔出面在闹市时，由于河道的拥挤，它不得不缓慢而行，然而人们总能从中感受到这座小镇涌动着的经济活力，它那久久不绝于耳的

① 张秉衡：《清明》，《南浔通讯》1997年3月30日。

"扑……扑……扑……"之声，渲染着一派繁盛的景象，若是在下午或傍晚河中船只稀光时，它就会乘风破浪疾驶而过，引得旁侧的小船一阵颠簸，也惊动了渔船两边停立的鱼鹰们。

鱼鹰，当地人俗称"木鸭鸟"，单从发音上辨别，好像"麻鸭鸟"，渔民们用它来捕鱼。南浔的河里盛产鱼虾，许多人以捕捞鱼虾为生；渔船纯粹就是一种生产工具了。季节性地来到南浔河港的鱼鹰船，以陆家港居多，每条船8只鱼鹰，训练有素。鱼鹰船上一人在船尾撑篙，一人手持竹竿在船头驱赶鱼鹰入水。鱼鹰的脖子上缚着绳子，捕到鱼儿不能吞食，只好浮出水面，渔夫的竹竿伸过去，竿头上的钩子就钩住了鱼鹰足上的棕绳。渔夫将鱼鹰捞到船上，掰开它的嘴，倒出鱼后，再放入水里。有一则灯谜的谜底描述的就是这种情形："乌乌黑，黑黑乌，脚踏绳索走江湖，饿了肚皮贴工夫。"遇上大一点的鱼，或者一片鱼群，几只鱼鹰合力将它扛出水面。一有鱼鹰船过境，两岸总是挤满了看热闹的人。

在南浔，专门以鱼为食的鸭子倒是有的。镇边上的养鸭户，秋收过后，将鸭赶往河浜觅食。赶鸭人立在船上，用一根长长的竹竿，吆喝着鸭子蹚过河滩，大家叫它"黄鸭船"。"黄鸭船"船头微翘，尾部方形，无橹无舵，仅靠竹篙划水，因为它稳定性差，一般人不敢上船。

孩子们最爱在这清幽的河埠观赏船只，南浔毓秀桥旧景

"钓鱼船"信奉愿者上钩的哲学。钩子或者钢钩，或是竹篾的，缚在钩上，渔夫、渔姑们盘坐船头，每隔一段，放下一个钩子；钩子周围的小竹筐里有饵料，或是蒸熟的麦粒，或是蚯蚓。隔天，小舟轻轻划过，收起钩子，总有上了钩的鲫鱼之类。南郊雪荡、穿珠湾以水清名世，"钓鱼船"所过之处，水中的鱼儿清晰可见。范锴《浔溪竹枝词》云：秋来极望水平矼，雪荡珠湾泊钓艭。"虾笼船"与"钓鱼船"的原理差不多。虾笼里有个"仙人跳"：虾被笼子里的饵料吸引进去，笼门就自动关闭。

头天“虾笼船”依次放下虾笼，第二天收笼，一只笼里总有几十只虾。古镇民风淳朴，绝少有人去偷收渔民的钓钩或虾笼。

小渔船经常出没在河埠头，那里是淘米、洗菜、涮碗的地方，鱼儿专门朝那里集中。渔夫一人，盘坐船头，一手划桨，一手执网，靠近河埠，屏住声息，突然使劲划上几桨，渔舟似箭一般冲向鱼群。渔网一撒，鱼儿尽入网中。古诗《渔父》咏其生活情形：

夫前撒网如飞轮，妇后摇橹青衣裙。
全家托命烟波里，扁舟为屋鸥为邻。

游弋于浔溪港兜中的各种商船其实也是一种生产工具，船主可以经销各种商品。春日，“两片帆轻双桨疾，今朝晚档笋船来”，谓“笋档船”，专门卖笋。夏季有“茉莉船”，在市河中叫卖茉莉花。诗曰：

傍水千家断复边，水楼一桁碧窗悬。
娥娥红粉齐当牖，新到姑苏茉莉船。

笼子船是卖珠宝的，镇志载：女妪售珠宝者，携竹笼兜售，所乘之船，谓之“笼子船”。

卖书的书船恐怕是特有的了。据清朝同治《湖州府志》载：“书船出乌程织里及郑港、荻港诸村落。吾湖藏书丰富，起于宋南渡后。其船南至钱塘、东抵松江、北达京口(即镇江)、西进泗安，遍布江浙两省城镇。”南浔书香诱人，近在咫尺的湖州书船常常泊系浔溪埠头。购书人弯身进入船篷，里间两侧书架上，陈列着各种书籍，中间设书桌和椅子，坐下来慢慢地浏览，细细地挑选。船后舱置大木橹，两名船夫轮流着摇，不知不觉又到了另一个埠头。书船也向刻书家趸购书籍，然后出入官宦人家贩售；他们被人们称为“书客”，“书客”袖藏书目录，在主人的客厅上讨价还价后成交。他们手中有了好书，就转交雕刻家版印。一些收藏家的善本就是从书客手中购得的。[①]

杀庄桥

与溪相伴的首先是船和桥：船是流驶的，而桥是静态的；静态之桥被人们的步履踩踏出活态的文化，不仅缩短了两岸居民的空间距离，更重要的是它实现了人与物、人与人之间的沟通。作为一种纽带，桥成为一种文化，见证了历史。

① 此节参考费三多：《南浔的船》，钱应林：《漫话水乡渔船》，分别见《南浔通讯》2001年4月18日，2003年12月25日。

在镇的北栅有一座石级木桥，横跨北市河，栅关就设在桥下，故而就叫“栅桩桥”，或者“北关桥”，原先还有“冯公桥”、“万善桥”之名，可后来却有了一个令人毛骨悚然的名称：“杀庄桥”，据说因为它与清初震惊全国的“文字狱”——“庄氏史案”有关。

南浔富户庄氏，先祖为近邻震泽陆家港人，至允城，始迁南浔。或说庄家素饶于赀，为避盗寇而徙；亦说，允城擅望气术，偶然路过南浔夏家园，发现此地金银气息浓厚，遂迁居于此，“获藏金无算”。谁也料想不到，一场突如其来的书祸顷刻淹没了庄家。

书由庄允城之子廷鑨组织编撰。镇上人弄不明白，庄廷鑨既非学者，为何要著书立言？董肇镗《南浔镇志》提供了一个很有意思的说法：值明末

栅关就设在桥下，故而就叫栅桩桥，后来有了一个毛骨悚然的名称“杀庄桥”

寇乱，一日，廷𬬻妻携婢探亲，途中遇寇，婢被掠去，不从而死，妻遁归，详说原委，旋自缢死。廷𬬻愤悼不娶，谓古人愤而著书，思作一史以传于世。适朱国桢之孙匮乏，持《史概》续稿，至庄家当铺，典银五两，廷𬬻喜甚，即浼延江浙诸名宿删定纂削。

更通常的说法是：顺治年间，廷𬬻忽然眼盲，遍寻名医，不得治愈。廷𬬻以史有“左丘失明，厥有《国语》”之说，奋欲著书。恰有邻居朱国桢为明朝阁辅，博学多著述，曾作明史数百卷，书未竟而人没。到顺治时，朱家已经败落，子孙不能守，将书稿出售于庄家。廷𬬻乃延聘一批江浙名士，齐集唐家兜圆通庵，对朱氏史稿删润论断，兼采里中先达茅瑞征《五芝纪事》及《明未启祯遗事》，于顺治十六年（1659年）成《明史辑略》。书成不久，廷𬬻去世，无子嗣，父允城痛哭流涕：“吾三子皆已析产，独仲子死无后；吾哀其志，当先刻其书，而后为之置嗣。”书成付梓，廷𬬻岳父朱佑明力任剞劂，书刻“清美堂藏板”，藉附名以传世。

襄助编辑其书的有：归安茅元铭、吴之铭、吴之镕，乌程吴楚、唐元楼、严云起、蒋麟征、韦全佑，吴江张隽、吴炎、潘柽章，南浔陆璘等十六七人，赋闲在家的前明礼部主事李令晳为之作序；海宁查继佐、范骧和仁和陆圻三人并未参与其事，而庄允城意欲借重文望，将之列名参订人中。当年十二月，查氏等三人明呈湖州学道胡尚衡，称其根本不知此事，也未曾见过刊刻之书，似以为有“侵犯姓名权”之嫌。胡尚衡批示湖州府学查报。府学教授赵君宋，一位极喜生事之人，命人从书中摘出“指斥忌讳语”数十条，榜立于府学门前。以满清立场来看，《明史辑略》确有犯忌之处：称努尔哈赤为建州都督；不书清帝年号，而书隆武、永历等南明年号。情急之下，庄氏以高价赎回售书，对其中犯忌之处逐一删削后，重新刊刻，同时以重金贿赂湖州知府陈永命，将书板吊出，劈毁置库。

也是乱世之时，该当小人得志。许多人持书恐吓庄氏，遂欲则去。前归安县令吴之荣，贪赃系狱，遇赦得出，不意获悉书事，亦前来诈财。庄氏本想应付以息事，有人劝说道：“踵此而来，尽子之财不足以给，不如以一讼绝非份之念！”庄不理，吴之荣便向镇浙将军柯魁告发，但柯魁在得到庄氏的馈礼后，搁置书事不议。

恼羞成怒的吴之荣，转而图诈朱佑明，佑明子彦绍谓父曰：“获罪县令图诈数千金，既应之，万一现任抚督、提营群起效尤，竟以家业相让乎？”佑明亦不应。吴之荣登造朱、庄之门索诈，两性男人避而不见，而让女流之辈数百人群起詈逐，守道张武烈亦痛恨此等横诈之辈，立时将吴之荣押送出湖州府境。

丧心病狂的吴之荣携初刊本径至京城向刑部告发庄、朱“造写逆书”。改朝换代之际，清廷对于此类事情最为着意。康熙元年（1662年）冬，天子震怒，庄允城被迫至京，不久“瘦死于狱”。次年正月二十日，满族大员来到湖州，关闭城门，分头密拿相关人员，酿成文字大狱。除庄氏、朱氏家族外，其他与此书相关的作序、校阅、刻版、印刷、销售、购买者，以及贪赃袒佑庄家的地方官员，以及姻党亲戚，有一字相连、一词之及者，无不就捕，每逮一人，则其家男女百口皆锒铛同缚，杭州狱中收至二千余人。五月二十六日狱决，被处极刑者70人，内中凌迟者18人，列名第一的茅元铭“一门得其七”。

事情过去了许多年，镇上的人都说，庄氏一家就是在栅桩桥桥堍被斩首示众的，其中有一名刻字匠，就住在栅桩桥边，临刑时哭诉道：“我上有八十之母，下有十八之妻，我死，妻必嫁，母其谁养？”言未毕，人头落地，滚至自家门前，忽然竖立……其惨境如此。此后，栅桩桥就叫成了“杀庄桥”。

其实，“杀庄桥”没有、也不能见证历史；历史真相之惨烈，远远超过寻常百姓的想象。在这里，不妨略加存录。

庄廷鑨，刀碎其首，脑汁溅至刽子手喉中。时，天昏地暗。人死而墓被掘。其墓前有坊曰：才高班马；棺内富丽堂皇，廷鑨着“寿”字绛衣，宛若生人。

朱佑明，本太湖边石桥浦人，后迁浔镇，大宅落成之时，从故相朱国桢处购得“清美堂”匾一块，悬于西厅。吴入京告状时，曾在书内添加：“朱氏史即朱佑明刊”一条。书事发，审判官令吴之荣与朱佑明对质，朱力辩“朱史氏系吴改刻添上诬陷的”，吴之荣道：“板上张张有‘清美堂’三字，朱家南浔屋现挂‘清美堂’在上，何得狡辩？”便差官陪吴之荣至朱屋取匾对簿，朱至此无可置辨，遂遭凌迟，三子及侄俱斩，妻奴俱配给旗人，家产籍没。

陈永命，湖州知府，为官严酷而贪婪，受庄氏贿赂数千金。大狱起，夺官而去，至山东台儿庄，惧罪自缢，客死旅次，后追其尸柩至杭州，磔尸为三十六块；其弟陈永赖，江宁知县，亦被斩，妻、子俱配旗下为奴。

赵君宋，逆书案起，恰与朱佑明关押在一道，朱佑明知赵为首先举发者，央求赵：“赵老爷系有功之人，必得重赏，若得救我一家，情愿分以家赀之半。”贪心的赵君宋在审问时称：“我有书一部，业经细查姓名，一些不错；盖其书中‘朱史氏’下，无‘郡朱佑明’四字也。”满官督抚即带兵丁衙役，锁押赵君宋至湖府学署，从壁橱内起书一部到案。殊不知，私藏禁书亦为死罪，想为他人开脱的赵君宋自投罗网，被处斩。

李令皙，曾为《明史辑略》作序，被难，祸及四子。其幼子刚满16岁，审讯者暗示，“减供一岁，例得免死，充军”，幼子回答，“予见兄先死，不忍独生”，终不改，斩。

这里强调一下，上述死罪者除少数被“戳于燕市”外，大部分于康熙二年（1663年）五月在杭州弼教坊被处决；不在南浔栅桩桥。

罗网再密，也有侥幸逃过一劫的。杭州徐元熹老人记起一位小学的同学吴松彦。吴松彦本姓朱，祖居马家港，开设桐油店，清康熙初年，史案发时，朱家受株连，惨遭杀身之祸，幸有一九岁男孩被外婆家救出。为了给朱家留下一丝血脉，遂将朱姓改为外公家吴姓，以遮人耳目。朱家的这段隐情，对内世代相传，对外秘而不宣。

南浔民间对吴之荣之流最为痛恨。吴之荣告密有功，按旨获得庄、朱家产一半。数年后，吴染恶疾，骨存于床，而肉化于地，颈断而亡。呜呼！天下之报施诚不爽哉！

常人无法理解：这是一部什么样的书，让清廷如此震怒，以致大开杀戒？《明史辑略》以大狱毁版，但民间转抄残本3册，为石门吕无党和潘博山诸君冒死保存下来；1955年商务印书馆收入《四部丛刊》，题名庄氏《明史钞略》7卷。通览全书，有两点特别让人惊讶：一是该书史学价值并不高，顾炎武“薄其人不学”，讥之为“无良史才”，章太炎跋曰：“本纪后附论甚多，盖其书体例不纯”，清人节庵在《庄氏史案》中亦说：“书中无志、表、帝纪、世家，止有例传，即王阳明一传，有上下卷，共三百余页，其冗长无裁可知”；二是，该书“涉及清室并无讪谤语，仅偶见建夷及夷氛、夷寇等字。”按理说，这么一部沽名钓誉的平庸之作对清廷根本构不成什么威胁。官府之所以以此万钧之力，加诸手无寸铁之辈，无非惩一儆百，想必“经此惩创，自今以往，当无有敢销干犯之徒……于是人人低首，家家颂圣，专制之乐，其乐无穷。”①

于是，士大夫们一时失语，江南的一批文人组成了一个在治学方法和思想倾向上颇为接近的文化共同体——考据学派，或者埋首故纸书堆，或者吟游小桥画舫……史学家们渐渐发觉，所谓的“康乾盛世”与“乾嘉考据”之间，还有这么一层平行关系！当然，天下就有那么多不怕死的，有清一代，反抗满清民族压迫的斗争从来就没有停止过，直至其最后覆灭。

① 张振荣：《读〈明史钞略〉二跋有感》，《南浔通讯》2002年2月4日。

漾

镇南郊与江苏交汇处，有一片三面环水的淖地，当地人呼作"漾"，边上的村子称沈庄漾，典型的江南水乡：归鸦掠小桥，蛙声闹溪水，牧歌绕人家……在繁星满天、流萤绕身的夏夜，沈庄漾常常挂在南浔老人的嘴边，因为它跟江南巨富沈万三有关。

沈庄漾

沈万三，元末明初人，名富，字仲荣，世称"万三"或"万三秀"，有人误以为其排行老三，其实不然。汪曰桢按言道：

> 洪武初，每县分人为哥、畸、郎、官、秀五等。家给户由一纸，哥最下，秀最上，每等中又各有等，巨富谓之万户，三秀如沈万三，乃秀之三者。

原来，沈万三，乃一巨富之别称也。沈万三的先祖在沈庄漾，光绪陶煦吴江《周庄镇志》卷三《沈庄墓志铭》云：

> 公讳庄，字伯熙，姓沈氏，苏人也，其先世以躬稼起家。曾大父祐由南浔迁长洲，见其地沃衍宜耕，因居焉。大父富嗣业弗替，尝身帅其子弟稽事，又能推恩以周急难，乡人以长者呼之。父旺，丰姿庞厚，有二子，长曰至，季即伯熙也。

静心排列家族关系，可知：墓主名沈庄，其曾大父（曾祖）沈祐里籍南浔，元中叶迁往长洲（苏州）；大父（祖父）沈富，即沈万三，嗣业稼穑，推恩周急，是一位受人尊敬的长者；父亲沈旺有二子，次子即为沈庄。

沈家由南浔迁往苏州周庄东垞村，以躬耕持家。有一个问题是：沈万三何时迁离南浔的呢？新编《周庄镇志》称："元代中期随父沈祐由湖州南浔沈庄漾迁至周庄"，明言"元代中期"，但同时该志又记：沈万三的出生年份"约1360年"，这已经是元末。事实上，沈万三离开南浔时就是元末，准确地说是元至正年间。因为南浔镇历代志书均载：元至正元年（1341年）夏，久雨，太湖水内溢成灾，民庐顷刻倒荡。所以民间有传说：那年南浔发大水，穷困人家纷纷逃荒他乡。沈万三之父沈祐在落葬老母后，摇了一只破渔船，带着4个儿子，一路飘零，来到周庄已经精疲力竭，于是落脚在周庄。

但至元末，沈万三却成为“元季江南第一富家。”一个农民，究竟能有什么样的聚财本领呢？在凉风习习、浮云障月的暑夜，南浔老人一本正经地叙述着一段“聚宝盆”的故事；故事是从明人周八龙《挑灯集异》一书敷演而成的：

> 沈万三贫时，见渔人携蛙百余，买而纵之池中。翌日，见蛙聚一瓦盆之中，姑取归，聊以濯手。其妻偶遗一银钗于盆中，已而见银钗盈满，不可胜计，乃以金银试之，亦然。由是其富甲于天下。

商人既富且仁也是常有的事儿，不过那一般是在富了之后，可是，善良的人总希望自己欣赏的人在“原始积累”的时候就是干干净净的，所以，编出点积善致富的故事，也是表达他们理想的一种方式。

邻近南浔的吴江人，说法不同。相传吴江汾湖有名陆德源者，富而好古，沈万三曾在陆家“治财”（管家），后来，陆氏看破红尘，云游四方，将万贯家财拱手让与沈万三。

里人朱国桢很相信这个说法，在《涌幢小品》卷十七记道：万三秀之富，得之吴贾人陆氏。陆富甲江左，秀出其门，甚见信用。一日叹曰：“老矣！积而不散，以酿祸也”，尽以与秀，弃为道士。

江南许多地方还传说沈万三有点石成金的本事。南浔人的想象力更丰富，索性就认为沈万三家有爿金磨子。金磨子后来到哪儿去了呢？于是又传：磨孔里能生出一根无节的芦苇，如果在村漾中能找到这根无节芦苇，挖下去就是金磨子。这样的故事，小孩子听多了，不免当真：

> 一个晴朗的秋天，隔壁吴叔叔为编芦帘要到沈庄漾去割芦苇，我高兴地跟他到沈庄漾滩头，就往芦苇丛中寻找，无节芦苇没找到，脚底却戳破了。回到家里，爸爸严肃地教训我：“有节比无节好，无财比横财好，捧得金磨子，反而砸断自己的脚。还是做做吃吃好！”①

① 钱朴：《眷念沈庄漾》，《南浔通讯》2003年9月25日。

历史学家提出了更为令人信服的解释。唐宋以来，随着全国经济重心南移，江南成为财富之区。元代，江南大批粮食通过海运输往京师，除此之外，江淮等处粮米，任由兴贩，但不得私贩出海。沈万三是个商人，面对巨大的海外市场的诱惑，犯禁干起了“海贾”“通番”的买卖：

> 周庄虽小，却是贴近运河、长江和黄浦江，从这里出发的船只可以毫无阻碍地借运河而通南北，借长江而通东西，就近又可席卷富庶的杭嘉湖地区的苏锡一带，然后从长江口或杭州湾直通东南亚或更远的地方，后来郑和下西洋的出发地浏河口就与它十分靠近。处在这样一个优越的地理位置，出现个把沈万三是合乎情理的。[1]

元末的大富沈万三到了明代，1369年（洪武二年），运粮至南京受到明太祖的接见，并御赐酒食而归，成了大贵。后任户部广积库提督，流寓南京。沈万三还在乡下的时候，就在南浔的南郊建有一块府第，人称沈庄。沈万三迁居南京，沈庄成了休闲之处。某年，来此消暑的沈万三幼子常常用垃圾塞在石质龙嘴里玩耍，而沈家的一位丫头每次都用清水细心洗刷掉龙嘴里的脏物。一日傍晚，龙眼赤红，那位丫头以为又是沈家幼子所为，正想用水清洗，忽然有人招呼她去帮厨。丫头正在厨房，一只狗从身后窜出，叼起她手里的金铲就跑。丫头立即追赶，追了数里，那狗忽然停下不跑了。此时，只听身后一声巨响，丫头回首，只见龙嘴里喷出大水，翻江倒海。从此，沈庄就成了沈庄漾。漾畔蹲狗的地方，就叫“逃墩（蹲）”。丫头追到逃墩时，天色微明，这里的河浜就取名天亮浜。[2]

多少人听了这个故事，总是动情地说：“丫环是个好人，好心有好报”。话虽这么说，但人生无常，沈万三据说不也是积善之辈吗？却未得好报。朱元璋定都应天府（南京）后，准备修筑城墙，要沈万三捐资，沈万三答应得十分爽快，承筑从聚宝门（中华门）至小西门段，计全城墙的三分之一。“事情到此已有点危险，因为他面对的是朱元璋，但他未曾自觉到，只懂得像在商业经营中那样趁热打铁，晕乎乎、乐颠颠地又拿出一笔巨款要犒赏军队。这下朱元璋勃然大怒了，你算个什么东西，凭着有钱

① 余秋雨：《江南小镇》，《文化苦旅》，作家出版社，1993年。

② 叶弥：《沈庄漾这个地方》，《苏州杂志》2001年第2期。笔者怀疑，这个传说中的年代不是明初，而是元末；所谓沈庄，不过是后人杜撰，其实就是沈家房舍。这一传说就是南浔人关于元至正元年大水的集体记忆。

到朕的京城里摆威风来了？军队是你犒赏得了的吗？于是下令杀头，后来不知什么原因又改旨为流放云南”（余秋雨）。

朱元璋改旨的原因，在《明史》“高皇后传”中说得很明白，（马皇）后谏曰：“妾闻法者，诛不法也，非以诛不祥。民富敌国，民自不祥。不祥之民，天将灾之，陛下何诛焉。”乃释沈万三，戍云南。

对于马皇后，民间口碑一直不错，相传这位皇后十分贤淑，美中不足的是脚大了点；江南人特别关注的沈万三因为马皇后一言得免死罪，且凿凿见于正史之中，不由得对马皇后又多了一层敬意。至于朱元璋，普通百姓只知道龙鳞不可违逆，余秋雨先生在哲学的意义上演绎了几句：沈万三“以其惨败为代价留下了一些纯属老庄哲学的教训在小镇，于是人们更加宁静无为了，不要大富，不要大红，不要一时为某种异已的责任感和荣誉感而产生焦灼的冲动。”但历史不会就此罢休的。

五百年之后，南浔的张静江似乎又重蹈了沈万三的复辙。也许是巧合：张静江张家的祖坟也在沈庄漾，一块风水宝地，上百亩水面的中间，东西横亘着一条百米长的一字埂，埂北耸立着三个若隐若现的“品”字形“小岛”。“品”字隐喻“当朝一品”；“品”字东南是张静江家陵园。

池亭漾

池亭漾，即使是老南浔，也未必知道，但一说起“辑里村”，谁都知道。初夏的村庄尤为迷人：

绿榆低映水边门，菱叶莲花数涨痕。

苕雪风光今四月，缫车声递一村村。

辑里村，原先称“七里村”，北距浔镇七里。

可以确切地知道，元代，这里已经形成村落，据称，明代大学士温体仁的祖先温琏在元末明初由湖州城边的长兴迁此居住，是为始祖。温琏是位百岁翁，人称清乐公（号清乐），敦行尚义，乡党推重。康熙时，温氏后人温棐忱《七里村志》：“苕霅交流，绕郡城而东，直下五十余里，从支流而南，涯径迂折，蓄为漾散为溪。又十余里至吾村，其名曰七里，吾宗聚于斯三百有余年矣。”溪“蓄为漾”，漾名“池亭漾”，还在今天的村西头：溪流纡徐，烟树迷离，渔歌相答，凫鹭交飞，徜徉于斯者，有恬波之适而无惊涛之虞（《七里村志》）。

溪水流滞成一凹地，所以，也有人称池亭漾为“淤溪”；漾水发散而去，就是溪了。集聚为漾，散射成溪，跨溪成桥，桥很多，后人能肯定：有一个塘桥；桥址至今犹存。乡里人家估摸，从村西至马腰镇七里，从村东北至南浔镇亦七里，就叫“七里村”吧。但父老之间，说起“淤溪”、“塘桥村”也明白，那是指“七里村”。喜欢夸示的乡人却这样解释七里村名：马腰世家沈氏，有相国焉；浔溪世家朱氏，有相国焉；吾里之显，亦家相也。三位相国相距凡七里。

在大学士温体仁看来，以道里名村，过于俚俗，遂将“七里”雅化为“辑里”，《说文解字》言：“车、和，辑也”，自然是很雅的了。这是明末崇祯年间的事儿，不过，直至清乾隆中期，在里人范颖通《研北居琐录》中“辑里”才正式出现：“雪荡、穿珠湾俱在（南浔）镇南，近辑里村，水甚清，取以缫丝，光泽可爱。”这时，辑里村与辑里湖丝一道，已经擅名江浙了。

元代，这里已经形成村落

村落是人类最古老的聚居形式，也是聚落的一种基本类型。《汉书》云：“或久无害，稍筑室宅，遂成聚落。”今日能够成为历史文化名村的，大都历史文脉相袭不坠、文化内涵丰富，村落或是“山深人不觉”的世外桃源，或是“睦族淳宗”的望族居所，或是建筑样式独特的景观建构……辑里村历史久远，温氏一宗聚族而居，湖水澄软，但绝对够不上所谓“古村落”的标准。辑里村依傍一泓漾水。它结点于水网之中，村东的雪荡河，在穿珠湾附近分流，淌入村头的淤溪。溪水几经周折，浊沙一再沉淀，变得澄清碧透。民谚：丝由水煮，治水为先，有一字诀，曰“清”。淤溪“河水性软，其成丝也柔顺；流水性动，其成丝也光润而鲜；止水性静，其成丝也肥泽而绿”，所以，《吴兴蚕书》所谓“山水不如河水，止水不如流水”，正指此。以淤溪之水缫出之丝，白、净、柔、韧，据说，这里的丝可以多挂两枚铜钱而不断，其韧性可见一斑。所谓“一方水土养一方人”，信哉此言！

兜

南浔的兜很多；兜，回流的溪水，不通外港，像个死胡同。端详汪氏南浔地图，形如衣兜的旮旯还真不少，诸如曹家兜、姚家兜、纪家兜……据统计，169个村落中，以兜为名的有63个，占37.2%。特别引起我们注意的是，"兜"村中，"×家兜"最多，几占一半。

绕兜而居

一般说来，"×家兜"应该是一个绕兜而居的大家族形成的村落，至少也是以一个大家族为主，村名以此家族为冠。可东栅外的褚家兜情况却很特殊。

褚家兜是个大村落，民国时期，三四十户人家兜南、兜北隔水相望，在兜底汇合，一直至1980年代初还大体维持在这个规模上。湖州的顾政先生从小生活在兜里，对于褚家兜里的顾家特别有感情：

顾家分为四支，其中入顾家祠堂的只有一支四小家（指我祖父这一辈，现在已分支出许多），即我家及我家这一族。我们这一族世代躬耕传家，不尚读书，故连本家谱也没有留传下来。到了我这一代，自族的同辈兄弟姐妹，连顾家祠堂叫"顾德堂"还是"尊德堂"，在马家港还是在西栅头，也没有人弄得清爽了。在我的记忆中，好像叫"顾德堂"，在马家港河南贤圣殿后面。我是1947年出生的，大约三四岁的时候去过一次，是父亲肩着我到祠堂里送菜去的。（祠堂里有和尚，每逢年、节，都是这些和尚给我们族里各家送年关、节关的，族里各家也常送去柴、米、油、蔬菜等，以资供养）。当我上了小学，初识几个字后，也曾经到过那里，依稀记得在祠堂东山墙北下角嵌有一块"顾德堂界"的花岗石界碑，是过贤圣桥落北不远处。解放以后，这方面的东西都是忌讳的，族中人再也不与祠堂发生联系，祠堂的概念、印象日渐淡漠直至忘怀。五十多年过去，现在谈起，已无人能为我儿时的印象佐证，有人说，是我对贤圣殿、吒头塔这些儿时玩耍的地方印象太深造成的错觉，顾家祠堂应该在垂虹桥下。我却顽固地坚持儿时的印象，为了证实自己的正确，前几年还专程去寻访了一次，要想找到那块“顾德堂界”的石碑。结果当然是徒劳了，因那个地方早已成了一家工厂的地盘，一切均已面目全非。

这位寻根人似乎有些失落：不只是失落，作为顾氏家族的一员，他认为，褚家兜应当称顾家兜才对，因为村里三分之二以上的人家姓顾，真正姓褚的只有屈指可数的七八家而已。这里的田地大都为顾姓所有，能住楼房的也大多是顾姓人家。

顾政先生猜想，或许这里曾发生过一次重大变故？也许是历史在这里经过长期跋涉，潜移默化，自然形成？但没有文献记载，甚至连民间传说也没有，他有些失望。但他忽略了一个他在《南浔通讯》上提到的一句谚语：“三兜一坝，天下勿怕”。三兜，指的是浔东的褚家兜、韩家兜和乌盆（文）兜，一坝是申家坝；“天下勿怕”。顾政先生解释：并非说三兜一坝的人蛮横，无人敢欺，而是指这里富庶安定，经得起天灾人祸；从我初记事起，就切切实实地感受到这里的人们和睦相处，善良好客，只求安耽不要（惹）事的。

既然这是可资利用的惟一线索，当然只能是推理了。所谓“天下勿怕”，笔者觉得可能就是字面上的“强横”之义。也许是这个不知起于何时的兜最初是褚姓家族的人叫起来的，当然他们也是首先定居于此的家族。后来，顾氏家族也来到这方富庶的湾兜，为了争夺生存资源，更有可能缘于血缘的差异，两个家族不免产生牴牾，甚至争夺，所谓“天下勿怕”之名流传开来。一个事实可以肯定，顾氏家族人丁兴旺，慢慢驾褚氏家族而上，成为兜里的主宰家族了，但叫惯口的“褚家兜”名称却无法改变过来，正如“天下勿怕”的名声无法消除一样。褚家兜的资源丰富，两个家族的争夺可能只存在过不长的一段时期，随着褚氏家族的失势，对峙的格局不复存在，家族之间的恩怨在岁月的流逝中渐渐淡忘了。留在人们记忆中的不再是褚家长顾家短，而是只有儿女亲家的来往，共话桑麻的快乐。

洗粉兜

“洗粉兜”，本作“西分兜”。一个美丽的故事解释了它现在的名字：相传，春秋末期，越国的美人西施前往姑苏时，在这里逗留过一宿。在一平如镜的水面上，她梳秀发，理云鬓，

徐一冰，“我国第一代的，居于第一位的，现代体育家”

清洗一路的风尘，留下脂粉千年芳香，至今馥郁田畴。旧时“南浔十景”中的“洗粉花香”即咏此兜：

门前新涨落花多，万斛胭脂泻绿波。
春雨半篙浣纱水，西风一曲采莲歌。

传说姑妄听之吧！但洗粉兜里徐家的故事却是真实的。徐家最有名的是现代著名诗人、报告文学家徐迟；先说说他祖上。

徐家是个书香门第。徐迟曾祖父徐延祺，1852年（咸丰二年）的举人，在总理衙门任内阁中书，工于诗文，有《怡云阁诗抄》等遗世。徐迟的祖父徐麟年，也是诗人。至父亲徐一冰这一辈，徐家还算是富足的。

1905年，徐一冰愤于中国人被讥为“东亚病夫”这一耻辱性称号，出国留学于日本东京的大森体操学校。第二年毕业，回国后执教于上海的中国公学、爱国女校、湖州旅沪公学，民立中学和上海女子中学。1908年与徐卓呆、王季鲁等在上海老西门林荫路首创中国体操学校，任校长。因为这件事，大总统黎元洪还颁发给他一只“教思无穷”的匾额，这匾额就一直悬挂在徐家宗祠里。1914年3月，徐一冰与王文濡任主编，创办了我国最早的体育专业刊物——《体育杂志》及我国第一张体育专业报纸——《体育界》。晚年的徐迟为此很自豪，“这两本刊物证明了、并奠定了我父亲是属于我国第一代的，居于第一位的，现代体育家的身份。”①

小镇人未必能完全理解一冰先生的体育救国思想，但他1915年在镇上兴办的贫儿院，影响却是深远的。

南浔贫儿院全称“贫儿教养院”。创办贫儿院的过程近乎悲壮。1915年初，一冰先生在南浔的大街小巷，张贴布告，于21、22、23日三天，在洗粉兜拍卖家产，义卖兴学。如果要

① 徐迟：《江南小镇》，作家出版社，1993年。

理解一冰先生此举动机和由来，可以读一读作为出卖布告说明的“敬告善士”：

一冰创办这件事体　人家一定说是很奇怪的　唉　这却也怪不得人家的疑心　但是诸位要晓得一冰近十多年来　到底做些什么事业呢　说起来很是可怜　一冰自从在镇上开办养蒙学塾起头　到现在办这教育事业　已经足足有十二年了　这十二年当中自己问问自己　所做的事体呢　总算对得起自己良心　倘然讲到对于社会的事业实在是毫不足道　造就人才却也不少　然而仔细考察起来　也不过养成一般享权利的人才　真真能够为社会尽义务的　实在是少得很　旧年春天又到了北京一次　农商部派了一个差使　在农政学校做个监学　官场事体　更勿是一冰做得来的　回到南边来　一般朋友　多说一冰做了官了　发

徐家搬到洗粉兜一幢小破房子里去了

了财了　哈哈　诸君想想看　一冰岂是这等样人么　唉　一个人活在世界上　但知有己不知有人　本来是不可以的　况且我们读过圣贤的书　受过父母师长的教训　就是自己一家的布衣粗食　也可以敷衍过去　趁此机会　勿做做社会上实在的事业　就没有时候了　故而创办这个贫儿院　是一冰夫妻二人真真良心上做的事业①

需要提醒的是，这段文字出现在白话文运动之前，从如此乡俗的文字可以看出，一冰当时是何等新潮的人物！

一冰先生自任贫儿院院长，夫人陶莲雅任管理员，说是管理，就是负责贫儿的生活起居，贫儿们的衣服都是由她和徐迟的大伯母两人在两台缝纫机上踩出来的。贫儿院上午知识课，下午工场实习，半工半读。工分藤工、竹工、纺织印染工（以织毛巾为主），尚有音乐科，教铜管乐器，成立西乐队，为婚丧喜庆人家有偿服务。

让人意想不到的是，1922年11月，贫儿院办得有些起色的时候，一冰先生去世了。继任的院长首先八块银元卖掉钢琴，接着让徐家搬出贫儿院，住到洗粉兜二十号的一幢小破房子里去了。

不过，贫儿院一直办到抗日战争全面爆发。大约1936年的一则材料（温葆臧《贫儿院劝募基金启》）还是让人倍感兴慰的：南浔贫儿教养院之设立，已有二十余年悠久之历史，故绅徐君一冰创立，历任院长继之，成绩虽不敢言良，然回溯此二十多年中，暑假寒假毕业以去，而服务社会者，要皆克自树立，衣食粗足，人数亦有数百矣。

唐家兜

20世纪70年代中叶以前，以十字港为中点，南为南市河，北则北市河；北市河东侧北东街，西侧北西街。在北市河的中段，向西弯进去一个兜，称“唐家兜”，兜口一条南北向的圆通桥，将北西街自然衔接起来。唐家兜南北两岸的建筑景观完全不同：南岸人家屋后枕河，北岸人家门前近水，门与水之间铺有两三步宽的路面。接近兜底一段，建有廊棚，可以遮阳避雨。

伫立于圆通桥上，西望兜里那弯身廊棚下、正在与河里小船交易的镇民，你会感到家、廊、船几乎连为一体。小船在兜里兜了一

① 《徐一冰先生出卖家产布告》，《南浔通讯》1988年9月12日。

圈，摇出圆通桥，回到北市河，这时兜水恢复了平静，成群结队的小鳑鲏又游回河埠边，来寻觅美食，那是主妇们淘米或者汰菜后筛漏的食屑。对于这一切，世代居住河边的老南浔不大在意她的曼妙，在他们看来，兜里的生活就是如此，几百年来一直如此。在汪氏地图上，“唐家兜”赫然在目，至少可以说，晚清唐家兜差不多也是这样。民国晚年，有人开始在圆通桥北堍的兜西岸倾倒垃圾，没多少日月，垃圾垫高了河床，堵塞了桥洞，北市河的船摇不进来了，但唐家兜的名字还留在南浔的地图上。20世纪70年代，索性填平了兜，拆掉了桥，从此，留在南浔地图上的唐家兜实际已不是“兜”，只留下一个“兜”名还在帮助曾经生活在这里的人们回忆兜里的一切人和事。

唐家兜北岸最有名望的，从东向西依次为救火会、圆通庵和圆通小学。救火会是在民国十年（1921年）才有的名称，此前一直叫“水龙公所”，据说早在咸丰年间就有了。光绪时（1897年）设“火赈会”，镇上的市肆殷户捐款购置了人力“水龙”，分置四栅，北栅就在唐家兜。

灯昏人静之时，“当、当、当”的锣声渐渐响起，由远而近，舒缓而从容，伴随着“火烛小心”的吆呼由近及远。每晚居民们便在更夫的锣声里沉沉睡去。可是有一天，梆点急促起来，慢锣变成了急锣，人们的心便一下子被揪起来：火警！

南浔河港纵横，水上消防更为便捷，救火会在抗战爆发前就置备了一艘消防艇。消防艇泊在圆通桥畔，发生火警时，声势颇大：

> 汽艇拉着急促的钟声（警笛），一出圆通桥，或南或北，沿着运河，开足马力，直驶失火地点，确实比陆上行动要快捷多了。会员们都是义务的志愿者，来自各店坊的青壮年员工和老板，如盐店桥东堍徐万泰百货店小老板徐松林（徐仲良同学之兄），那是骨干会员之一。会员们不顾自身安危，英勇救火的壮举，得到了镇民的钦佩，受到了镇民的尊敬。

徐元熹先生在这里谈到的这艘消防艇，在1937年11月日军占领南浔之前被藏到邻省江苏的乡下，后来不知什么时候就遗失了。

早先消防的主要器械水龙，就是一个大木桶，桶沿上装有横杠、喷头，下有唧筒伸入桶内，由人力挑水入桶，再由数人于横杠两侧上下揿动，利用机械原理喷水。如果河道距火灾现场远，担水困难，就麻烦了。后来有了洋式的手摇式“泵浦龙”，有进出水口，自

接近兜底一段，建有廊棚，可以遮阳避雨。从今日南市河，还可以看到唐家兜当年的影子

动庠水量大，射程远，水柱强。老一辈人因此就称救火会为“洋龙会”。洋龙也有尴尬的时候，隆冬时节，河滩干旱，救火队员须赤足浸入刺骨的水中，将“龙尾巴”伸向河中央吸水，还是不方便，于是，1945年北区从上海购置了两台消防车，唐家兜的水龙完全机械化了。

江南民间传说，每年农历五月二十日为龙神关云长生日，称“分龙日”。这一天，关老爷需水磨刀，天必下雨。唐家兜的消防队便至土地堂试龙，进行消防演习，晚上聚餐，四乡农民纷纷上街观看，形如节日。1953年人民政府接管救火会，成立消防队。北栅口一带的消防队就在唐家兜稻香弄12号。

圆通桥北堍有个寺庙叫“圆通庵”，庵内有个小学校叫“圆通小学”，是宣统元年（1909年）春天设立的新式学堂，当时全称“南浔教育普及社第三初等小学”。清末的时候，全国许多地方都盛行将寺庙改充校舍。光绪三十二年（1906年）冬天，里人张维熊、陆善同、金熙、张明良、温调孙等创议组织“教育普及社”，社址设在南栅报国寺。普及社筹备在四栅创办四所初级小学，便相中了一些寺庙。洗粉兜的慈荫庵，俗称如意庵，明朝尚书董份初建，以供御佛像，康熙年间重修。有清一代无人过问，久为废圃。光绪二十三年（1897年）武进盛宣怀之妾柳氏薄游来浔，捐建大殿，旁筑精舍，饶有花木之胜。三十一年（1905年）秋日，普及社温调孙来寺游观，闲入精舍，与主持僧发生龃龉，以至寺僧伤人。诸生人等积愤不平，遂倡逐僧兴学之议。

在江浙两抚的过问下，县府查闭此庵。1907年，普及社呈报县府，要求镇上部分尼姑庵改设小学。次年，经县批准部分尼姑庵作为校舍。普及社随即接收东栅洗粉兜的慈荫庵，开办南浔教育普及社第一初等小学校。

应该说，唐家兜圆通庵并无恶僧。南浔有个怪现象，庵里有时并非尼姑，而是和尚，圆通庵就是这样。镇上不少人家把它当作祖宗的档案馆，徐迟家里十代祖宗的档案就保存在那里。庵里定期送来黄裱纸的关帖，上面是祖宗的名讳，留作祭祖时焚化，以此邀请祖宗的神灵降临，出席家宴，享受美食。

庵里香火不旺，只有七八个和尚，且安分守己，平日里只是诵经念佛，做些法事。因此，当1907年圆通庵被普及社接收开办为第三初等小学校后，师生与僧侣相处得倒也和睦，两不相扰，这不能不说是民初南浔镇上的一大有趣景观。

埭，或称坝

埭，“壅水为堰”（《正字通·土部》）。湖州许多以埭为名的地方，大都与筑坝堵水有关。湖州城西南有名的埭溪，四周多山，每遇汛期，“发源莫干山之水，直泻溪滩，筑石埭遏其冲”，故名。但一般情况是，设埭堵水是为了提高航道水深，或者便利浇灌。

丝行埭

南市河的东岸，南至东交界坝桥，北至泰安桥，是旧时南浔丝市的中心，因为许多丝行集中于此，称为“丝行埭”。至于此地是否曾经有过坝，不得而知。即使筑过坝，多半是在村落时期。既然有“埭”之名，想必历史上有过一坝。不过到“丝行埭”成名的时候，这里的“埭”在人们的潜意识里似乎是“集聚”的意思了。“丝行埭”形成于明末清初。乾隆时人曹仁虎的《南浔竹枝词》：

听道今年丝价好，
通津桥口贩船多。

通津桥南北连着丝行埭。“丝行埭”之名，在前清诗人董恂的《卖丝》中已经出现：

闾阎填咽驵侩忙，一榜大书丝经行。
就中分列京广庄，毕集南粤金陵商。
商多窃揣丝当贵，亟向丝行埭上卖。

他的另一首同名诗道：

初过小满梅正黄，市头丝市咸开张。
临街高扬纸一幅，大书京广丝经行。
区区浔地虽偏小，客船大贾来行商。
乡人卖丝别粗细，广庄不合换京庄。

“丝行埭”上的丝行有专门的分工。京庄，专门招揽南京等地丝商；广庄，专门招接广东丝商及载往上海与洋商交易的丝商。经行，经营复摇整理后的丝经；划庄，专门收丝供给大行的小行。

清政府在苏州和杭州设有专门的织造局，

是朝廷纺绸织绢的最大手工作坊，“每当新丝告成，商贾辐辏，而苏杭两织造皆至此收焉”（潘尔夔《浔溪文献》），设有专门的行庄。

最闹腾的是丝农与小丝行的交易，清温丰诗云：

蚕事乍毕丝市起，乡农卖丝争赴市。
市中人塞不得行，千声万声聋人耳。
丝牌高扬丝市廛，沿门挨户相接连。
喧哗鼎沸晨至午，骈肩累迹不得前。

1857年，一位英国来浔考察的丝商见证了乡人卖丝的场景：天刚蒙蒙亮，乡民们开始陆续上市，带着他们准备卖给丝商的小包生丝。“丝行埭”排列着几乎都是收购生丝的店铺，怕是有上百家之多。在每一个店铺的柜台后面，站着六七个人，穿戴整齐，大的店铺还不止这个数。他们是行里的伙计，负责生丝的质量检验和价格评定。伙计们很精明，也很冷静，而站在门口求售生丝的小农民却很激动，喋喋不休地说明他们的生丝质量如何优良，特别是农妇们，声音更响亮，不知情的人们以为他们在吵架呢。但伙计们不管这一切，对生丝仔细地端详，不时还问乡民们一些问题，价格一旦评定，乡民们就停止了喧嚷，因为他（她）知道，再吵已经无济于事了，价格不会再抬高了。这时，他们往往会露出笑容，偶尔还会与伙计们打个趣，显然，对于这个结果，双方都还满意。

交易完毕的乡民背起空茶笼，蹩进茶棚呆上一个时辰，航船返回的时间快到了，乡民们还在茶楼里议论着生丝买卖。当一批批小量生丝从生产者手中收购以后，伙计们按照质量把生丝进行分类包装供给国内消费，或者远销欧美。温丰《南浔丝市行》描述的正是这一过程：

一日贸易数万金，市人谁不利薰心。
但教炙手即可热，街头巷尾共追寻。
茶棚酒肆纷纷话，纷纷尽是买与卖。
小贾收买交大贾，大贾载入申江界。
申江鬼国正通商，繁华富丽压苏杭。
番舶来银百万计，中国商人皆若狂。

南浔——“申江”（上海）——“鬼国”（外国）之间，系于一丝。

申家坝

申家坝，不称埭，直接称坝，在镇东南郊。孩子们最喜欢申家坝，因为那里可以烧“野火饭”。

从清明至立夏这段时间，孩子们就准备烧

今日“丝行埭”成了农贸市场

“野火饭”了。“野火饭”自然要在“野外”。沿浔溪河有一排北向的过街楼，直至民国晚年的时候，推窗远眺，依然空旷：东边是一片桑树地及水稻田，西边有个从没有人扫墓的老坟，坟边仅有一颗百年大树，四周是一片草地，偶然会出现两个踏水车的农民向田内灌水，或有一个牧童骑在牛背上哼歌。在天气晴朗的日子，可遥望到远处太湖洞庭山的山影，张张白帆在移动……这是烧野火饭的地方。大人们说烧野火饭的米，不能从家中带，依旧俗可以去邻里或亲戚家“化缘”，只要从家中带去一只小锅，拣三块砖头搭成小灶，就地拾些柴草就可以煮饭了。①

晚清，一直至清末，烧饭取火有些麻烦，一般百姓人家都用火镰打石生火；有些大户人家开始用从外国进口的火柴，叫洋火。所以烧野火饭的小孩当中，有些富家子弟带着洋火，在火柴盒上轻轻一划，“呼”地就蹿出火苗，大家颇觉新

① 张善瑞：《思念可爱的家乡》，《南浔通讯》2002年5月3日。

奇。童年时在“红房子”旁烧野火饭的情景，70多岁的沈菊老人至今历历在目：“红房子”是一座天主教堂，在申家坝。教堂前有条小河，主日的河滩边挤满了小渔船，船上的人是来天主堂做礼拜的。我们是来烧野火饭的，随地取材，捡砖头、搭行灶、拾柴、采蚕豆，一切停当，开始淘米加柴。由于灶门方向相反，火焰直往外冒，灶边的一堆柴着了火，浓烟薰走了小伙伴。柴尽火熄，饭仍是生米，就有人提议分生米回家。饭是吃不成了，顺便到天主堂里看看，也颇觉神秘。刚进去，牧师远远从讲坛上走过来，顺着过道向两边的教民泽润圣水，接着唱赞美诗，唱完，牧师讲经……中途离开的教民回到座位前，都要面向圣母玫瑰，很认真地弯下一腿。中门上端壁龛中的圣母，赤脚，手握金珠，表情慈爱。讲坛离得很远，后面的教民未必听得清牧师在讲什么，但整个教堂鸦雀无声，打算进去看热闹的小孩子肃然起敬，呆呆地听一会，听不懂什么意思，便静静地退出去了。

让人想不到的是，1946年秋

“红房子”是一座天主教堂，在申家坝

季学期，一个身着黑袍的神父来到了浔中所在的报国寺。学生们在烧“野火饭”的时候，见过几个蓝眼睛、高鼻子、黑袍上挂着银质十字架的怪物，现在他们突然来到学校发表演讲，大家兴奋极了。与在教堂讲道不同，这次听的是一个遥远国度的故事，用英语讲，由徐迟老师翻译：

> 我是一个爱尔兰人。爱尔兰是一个很小很小的国家。她是不能跟中国这样一个巨大的国家相比的。爱尔兰只有五千多平方公里……

接着似乎讲的是爱尔兰的历史：爱尔兰是一个痛苦的国家，她土地肥沃，因此成了英国的粮仓。英国之所谓英伦三岛，就是英格兰、苏格兰和爱尔兰。这个爱尔兰和那两个岛之间，横亘着一条很长很深的海峡。那两个岛却合在一起，转过身来压迫爱尔兰。将近一千年来，爱尔兰和那两个大不了多少的小岛进行了不知多少次的起义和战争。

学生们听得很有趣，之后便忙着了解申家坝天主堂的来历：1904年，天主教进入南浔时，以申家坝的章姓家为集结点。1926年，由爱尔兰籍教徒莫尔斐赞助，英籍神父马安德主持建造了一座哥特式的天主教堂，1400平方米的建筑面积。徐迟先生惊叹：“这个天主教可真了不得，为了传布天主的福音，派来了一个懂得拉丁文的人物，来到这偏僻的郊区农村中，发展了一大批的天主教徒，主要是在农民中。”准确地说，主要是渔民。

两年以后，1948年的春季，南浔中学开办的乡校深入到申家坝。徐迟老师那时对于乡校建设的看法“有点朦胧”，对申家坝夜校情况的介绍，更加朦胧。凑巧的是，1996年，84岁的庄真老人在《南浔通讯》（6月26日）回忆，早在1930年代初，南浔已经开始推行陶行知的“小先生制”了。除了失学的儿童，上了年纪的农友也要求识字，但他们白天要下地，只能进夜校，浔中学生张新华、杨育源、邹家骏、谈人凤成了“小先生”。申家坝办起了流动识字班。张新华在浔中放学后赶到申家坝，讲完课再回到镇上新桥桥堍的家里做家务。夜校办得不错，接着办起私立申家坝小学：

> 浔中校长沈石麒怪我办了识字班后，不该办小学，因此，炒了我鱿鱼，辞退了我的图书管理员之职。我虽失业了，但我铁了心，讨饭也要把申家坝小学办下去。与严致中、马莲贞患难与共，把申家坝小学坚持办到1937年日本侵略者侵犯南浔前夕，我们含泪离别申家坝天真的孩子和绿水绕村的申家坝。

墩：在河之洲

抗战前，南浔东栅外有一小岛，岛上有三层楼阁，民间称它为“分水墩”。墩阁四面环水，登临远眺，但见帆影片片，赏心悦目。

诗云：

飞楼飘渺丽朝暾，两界分水限此墩。
遥指荻塘帆转处，疏村薄蔼隐曹村。

旧时南浔十景中的“东阁临流”和“荻塘帆影”即指此；曹村在镇东三里。

苕溪自湖州东流至浔，中无阻隔，元时人筑墩束水分流。明嘉靖中，董份在分水墩上建龙王庙，供龙王像，庙顶为阁，呈圆顶尖，矗如浮图，祈求龙王佑护乡土免受旱涝之灾。“分水墩”因而被叫成了“龙王墩”。明万历中，朱国桢移北岸极乐寺文昌像于阁中。清乾隆二十四年（1759年），湖州府通判陈名荣重建分水墩，墩上建筑“文昌阁”，分三层，顶层供魁星，中层供文昌，底层供财神。至此，分水墩经过岁月的涂抹，已经被赋予了相当明确的文化内涵。范颖通《研北居琐录》：“分水墩阁之建，原以培风水也。前明中叶科第极盛，有‘九里三阁老、十里两尚书’之谚。”故而，民间就有人直接把分水墩称作“风水墩”，而且，他们强调，元人建分水墩时的初衷不是“分水”而是“束水”，——以束去（风）水，因为过了此墩，就是镇域之外了。

附近的人都相信这里确实是风水灵地。一年，东栅后曹村的农民经过“风水墩”下，看到一位少妇正在楼阁梳妆，恍惚之间，那女子竟然把自己的头颅很自然地拿下放到桌上……多怵人！里人范来庚道：“其地无崇山列嶂，而天目诸山众流奔赴，如百川之归海者，胥经于是，带萦环绕，然后东注鸳湖，北流笠泽，而苕水所挟之支流，皆安纡而有所汇矣”；堪舆家言：“水之所聚，即为地气之所钟，故南浔阛阓云屯，烟火数万家，非他邑所可仿佛，人文蔚起”（《范志》序）。

这样的说法，信不信随你。事实是，一个小镇，明朝中叶，前后竟出了三位内阁大学士，所谓“九里三阁老，十里两尚书”，让你疑惑：

是不是确有“风水”一说。

谈起“阁老”和“尚书”，南浔人的心情有些复杂，因为他们留给后人的遗产太沉重。

“三阁老”中的朱国桢（1558～1632年），故居在东栅马家港，明万历十六年（1588年）举人，十七年进士，官至国子监祭酒、右春坊等职，谢病不出。天启元年（1621年）擢升礼部右侍郎，中途请告归，未上任。天启三年（1623年），拜礼部尚书兼东阁大学士，后改文渊阁大学士，累加少保兼太子太保。次年春，晋户部尚书、武英殿大学士，总裁“国史”、“实录”，不久加少傅兼太子太保。时魏忠贤窃权，朱国桢在多方倾轧中，连上三疏，称疾告退，恳求放归故里。魏忠贤谓其党曰：“此老亦邪人，但不作恶，可令善去”(《明史》卷二百四十)，乃加少师兼太子太师，晋吏部尚书兼建极殿大学士。朱国桢于门户水火之际，独善不阿，洁身而退。子孙亦能恪守家训，不以贵胄骄矜乡里，一仍“农家子”本色。乡评为之推重。《冬夜自报国寺归》诗，反映了朱国桢的田园生活和澄净心境：

今日文昌阁

何处去听法，归来已黄昏。
野雾迷树色，渔灯见冰痕。
寒蕊隐若桂，栖鸟声犹喧。
移得菩提种，秉烛栽西园。
俄然见宝色，合色念真言。
稽阮从旁笑，知我恋清尊。
大嚼仍如故，禅家方便门。

隐身归田后的朱国桢，潜心著作，书房称“淡竹书斋”，《书斋》把我们引入一位晚明耆绅的著作环境：

小院逶迤入，无多自一家。
云尝留作锦，苔亦绽成花。
老去容身好，闻来伏枕嘉。
有时风动处，宛尔泛张槎。

朱氏有《涌幢小品》、《史概》等传世，而于《史概》用力尤多，凡142卷。崇祯三年（1630年）十一月，在亲友们的资助下，招工镂刻。至崇祯五年（1632年）朱氏去世时，尚未蒇事，他留下遗嘱："《史概》吾一生精力萃此，汝力成吾志。"南浔有鼎盛文风，有经济实力，朱氏遗志当不难实现。清初时，富户庄廷鑨购买了朱国桢生前《史概》的部分手稿，重新编写，再加增补，成《明史辑略》，不想却酿成大祸。阁老泉下有知，不知作何感想。

无论如何，身后事与朱公本人无关。南浔人创作的两段"佳话"对朱国桢做了评价。

一段佳话演说朱国桢天生聪明。小辰光有一年去外公家过元宵节，那天乌云蔽月，又适逢惊蛰，外公吟出对联上阙："元宵不见月，点数盏灯为河山生色"；小国桢马上对出下联："惊蛰未闻雷，伐几声鼓代天地宣威。"

另一段佳话说明朱国桢为人淡泊。朱府清美堂完工后正在油漆，一时市面上没有这么多油漆供应。管家打听到，金华油贩子寄存有100桶油漆在祇园寺，朱国桢与当家和尚商量借用，老和尚满口答应："油漆反正是卖的，到时你给他银子就是了！"油桶搬回来一打开，朱家人惊呆了：里面装满了银子！朱国桢赶紧回报祇园寺，主持生怕惹出祸水，不敢收受。朱国桢只好把银子放在家中，只等金华人来取。十几年过去了，金华人没来，再后来听说金华人在回家的路上早被强盗杀了。这银子如何处理呢？朱国桢思量再三，决定用这100桶银子修缮祇园寺，据说，祇园寺的铁铸如来佛就是当时浇铸的。[①]

对于第二位阁老温体仁（1573～1639年），南浔人几乎不想提及。《明史》将之列于"奸臣传"，其"为人外曲谨而中猛鸷，机深刺骨"。温体仁，辑里村人，万历二十六年（1598年）进士，崇祯初，官至礼部尚书兼东阁大学士，加太子太保，进文渊阁，旋加少保兼太子太保、户部尚书，进武英殿。自温氏辅政，同僚或以疾病被免职，或"以他事去"，只有他居相位八年，惟其"能窥上旨，帝以为朴忠，愈亲信之"，撰史者叹曰："俸恩礼优渥无与比，而体仁专务刻核，迎合帝意"，而同僚亦避之唯恐不及。后遭人弹劾，于崇祯十年（1637年）佯

① 张世英口述：《朱国桢九岁巧对外公》，臧卉俊口述：《朱国桢重修祇园寺》，见《南浔民间故事》，当代中国出版社2001年。

称疾引退，自以为帝必加慰勉留任，及得旨，竟准放归故里，次年病死。温体仁既死，但其所推荐的张至发、薛国观之徒，皆效法温体仁，“蔽贤植党，国事日坏，以至于亡”（《明史·奸臣传》），诚死有余辜！

对于温阁老，人们嗟叹摇头之后，常常提及他的另外两件事：一是，为官尚称清廉，谓其“洁清而险”，二是，将“七里”雅化为“辑里”，“辑里丝”之名得以问世。对于这一点，人们似乎还是有所保留，连温体仁后代温棐忱编纂村志时都未认可“辑里村”这一说法；是后人讳提这位阁老，还是阁老就没有这份功劳，抑或另有情由？

马腰村的沈潅是第三位阁老，万历二十年（1592年）进士，万历末年，大学士方从哲专权，为植私党，以乡谊关系，推荐为阁员，光宗即位，召沈为礼部尚书兼东阁大学士。沈官翰林时，尝授内侍、中书。既入阁，密结魏（忠贤）党，朋比为奸，不久，加太子太保，进文渊阁，再进授少保兼太子太保、户部尚书，武英殿大学士等职。沈潅独揽朝政，结党营私，激犯众怒，连遭弹劾，估计官位难保，即告老归里，次年即卒，呜呼！南浔人以此蒙羞。

沈演（1572～1638年）是沈潅之弟，万历二十年（1592年）与兄同登进士，累官至刑部尚书，据称人品一如乃兄，里人亦不欲详知事迹，只把他列为“二尚书”之一。而另一位尚书董份（1510～1595年），惊人的官宦世家，一门四进士：董份之子道醇，之孙嗣成、嗣昭皆为进士，董份官位最高。对于这位尚书，汪曰桢《南浔镇志》述其归退后的乡居生活：于礼部尚书位，为给事中欧阳一敬举劾，夺职为民，回归乡里，收恤族人，创义田，筑义宅，办义塾、义仓，“而义掩于富，晚年乡民鼓噪，不胜避敛，以病卒”；乡民为何鼓噪？汪志引《见闻杂记》一段：

> 董氏之变，尚书颇无大过。其对不佞（《见闻杂记》作者谦称），亦自认奴仆过多，奴仆既多，则争趋觅利者不少。田产广大，焉能价值尽平，只宜出示，听愚民告之都邑，任其剖断可也。而伊孙祠部君，不谙世故，自出处分之语，语一出，愚民谓“登其堂者即袖金而还。”不旬日，拥至大门者百千余人，主人闭关不纳，愚民群聚骂詈，呐喊随之。其后终以门客之言，大约田亩十分之中，退还原主二分，喧嚷稍息。代巡彭公临湖，准状极百纸，八批郡邑。一旬之内，官差船不知凡几，而支持浮费，不啻数千金，愚民自此，唯知有利，不知有八座之尊矣。

照此说来，董份似乎很无辜。正统的历史从来就是这样，没有“愚民”的理。万历二十三年（1595年）病卒，终年86岁，遗嘱“毋书吾故官，以白布三尺题曰‘耐辱主人’足矣。”

两段文字碎片，不能连缀成篇以反映董份为人的全貌，而且两段文字互相牴牾，说不清董份的人品究竟如何。不过，从以下的一段传说看，乡里人对这位董尚书颇有微词。据张祖兴口述：董尚书的官做得介大，可为人心黑，南浔、震泽一带的良田差不多都被他刮走了，种田人几乎都成了他家的长工。一日，镇上来了一位人称“铁口”的算命先生，董尚书便衣前去算命。算命先生是个盲人，只要在算盘骨、面颊骨上一摸，便可讲出一个人的过去和未来。他一摸尚书：“大富大贵之相！”前程呢？盲子略一沉吟：“结局嘛，清风过岭日，富贵绝顶时。”再要追问，盲人再也不开口了。董份为此很不踏实。过了一段辰光，董尚书在苏州作客又遇上那位算命人，让他一摸，还是那句话：“清风过岭日，富贵绝顶时！”尚书暗暗吃惊，却不明寓意，后来，直到他被朝廷问斩，在法场上，当刽子手挥刀时，他才明白了“富贵绝顶，清风过岭”的意思。[①]

这段“传记”构拟者在把脉董份性格特征上还是相当准确的：董尚书十分相信风水和天意之类。除了风水墩的龙王庙，据称，马家港西岸东藏寺有一座聚星塔亦为其所建，建塔之缘起在沈登瀛《重修聚星塔记》中有交代：顾南浔地势稍平衍，既无丘陵以为镇压，又泛湖汇以为潴蓄，运河贯其中，一泻无余，论者以为泄气太重；董份所以建塔，“非特为一镇壮观，实为一府水口计也”，但在建塔过程中，堪舆家又称不宜，故塔未合尖，成了无头塔，或称“半塔”。依照董份的思路，无头塔更是大忌：“传记”中确实掉了头颅。民众心中的历史观就是这样，既然作恶多端，便叫他不得好死！但史书记载：董份自然死亡。两份“历史”具有不同的价值。当然，我们也不妨让董份老人自吐心曲：

清溪迤逦曲通源，野径池深昼掩门。
一鹤天空时自唳，百禽春到总能言。
柳因久植阴围地，花正繁开香满园。
珍重园公好培护，莫教风雨妒芳荪。

似乎他也有一片自况的天地，任凭时人后人评

① 张祖兴口述：《董尚书清风过岭》，见《南浔民间故事》，当代中国出版社，2001年。

说。

里人不愿意谈董尚书“敬宗收族”之事，但其中“筑义宅”似乎是确凿的，因为“义宅”至今还遗存着旧貌，称“百间楼”。

据地方志记载，董份在通津桥北堍有大住宅，称“大宗伯第”，前临东大街，后沿栲栳湾，东起德懋弄，西至宝善街，宅内“爱莲池”有小溪通栲栳湾。几乎与长长的大宗伯第平行。董份为其女眷仆从建筑了居处，初建时约100间，故名“百间楼”，最集中的一段在莲界桥与长板桥之间。此后200年，先是在西南岸，而后在东北岸，百间楼不断扩展。对照汪曰桢留下的镇地图，细摩他的志书记录可以发现，

百间楼：一水清涟绕槛斜

晚清时的百间楼已经有相当规模。先看东北岸：自莲界桥北堍向东迤南，经少年弄口，向南；经酱园弄内口、长板桥东堍、洗粉兜口、朱家板桥、东吊桥东堍；再看西南岸，自莲界桥南堍向东迤南，经煤矢弄口、柴场弄口、长板桥西堍、栲栳湾口、闻涛桥、混堂弄。张文元《南浔竹枝词》咏道：

百间楼住百人家，一水清涟绕槛斜。
莫怪卖花船况泊，楼间少女尽如花。

认真说起来，百间楼的现存屋舍多数是民国时期的建筑，清代的建筑已经很少，至于董份始建的明代百间楼，只留在口耳传递的记忆中。但这都不妨，小镇人坚定地认为，百间楼代表了南浔民居的建筑风格，而这一风格是明代一位叫董份的尚书奠定的。引以为荣耀的，他们一再重复；有所忌讳的，尽可以避而不谈。有一本《冷庐杂识》道出了小镇人的微妙心态：“朱文肃公（朱国祯）……德泽及人，乡邦推重。沈结纳宦魏，温体仁奸私误国，闾里羞称之。三人皆载《明史》，而府县志列传独详文肃事实，沈漼、温（体仁）则讳而不书。逞志一时，陨名千载，呜呼！此亦足以为鉴戒也。”南浔人对历史的剪裁缺乏史家的严谨，却流露出对生活的一脸严肃。

汪氏地图的文化释读（续）

在人文学家的视野里，乡区庙宇特别醒目。正如名寺古刹之于名山大川一样，乡区庙宇就是乡土社会的一方精神家园，以致有人说，要了解社区之乡风民俗，把脉社群之精神丰弱，细致地了解一座乡村庙宇的构成和历史也就够了。南浔的庙宇，也许可以推而广之，江南的庙宇太多，一个小小的市镇总有那么十个八个。它们的性态总是活动的，不但在人们的历史记忆中，也在现实的生活里；它们的功能是综合的，不只是精神的，而且是休闲的，甚至是经济的。

在汪氏地图上，许多庙宇被形象地标示出来，标示的方法不是图例，而是简笔勾勒，粗粗一数，竟有30处之多。对此，徐迟先生如数家珍：南浔镇虽然不大，却有庙宇一百多座。其中和尚庙较多，道观则不太多，庵堂却不少。据他介绍，有些名气的庙宇大致是：东栅的极乐大寺，西栅的祗园大寺，这是两座最大的庙。西栅垂虹桥的斗姆阁很小，却很有名。北栅的圆通庵保存祖宗的档案，南栅有张皇庙、贤圣殿、火神庙、土地堂，以及介乎于两者之间的报国寺等。在林林总总的庙宇中，土地堂和贤圣殿在南浔人的心目中和生活里扮演着特殊的角色。

香　火

“嘉应香市”是个雅称，镇人叫它土地堂庙会，庙名“嘉应庙”，在南栅。

跟一般的土地庙不同，在南浔的土地堂里供奉着两位土地爷，一位姓崔，一位姓李，河南的粮运商。北宋宣和三年（1121年）九月初五，满载糯米和豇豆的粮船停泊在南林村市中。时，南林饥荒，人相食。二人实在看不下去，把米豆全部散发给村民，然后投河自尽。村民为纪念两位商人，建土地堂，塑像奉祀“双土地”，并把他们投河处称作“舍身潭”。

嘉应香市

南宋咸淳六年（1270年）正月，南浔承事陈荣具状南宋朝廷求赐庙额时，不知出于什么原因，将崔、李二粮商改成客居南浔的二位承事；承事，“承节郎监安吉州南浔镇事”之简称。是年十二月陈荣状准，敕牒下，赐“嘉应”庙额。于是，从宋《嘉应庙敕牒碑》中，人们看到的是另外一个版本的土地故事：“世居乌程县震泽乡之南林故老，相传此地有崔承事、李承事二公居焉，其存心也根于仁，其处事也勇于义。宣和间，方寇（指方腊）扰攘，声摇乡郡，二公率乡丁捍御，果获全安。或值凶年饥岁，争出廪粟以赈给，人皆德之。暨二公卒，莫不衔恩思慕，自以为报之罔极，乃卜地于市中设祠宇而并祭之，衣冠服饰效乡党护境二神貌像。”黄舆先生为我们提供的“土地神”来历，可以看作是上述两类传说的糅合：宋末方腊起义，南浔也因兵事所阻，运输不济以致绝粮，数万人势成饿殍。时有徽州粮商遣伙计李某运豇豆糯米数船过境，饥民汹汹欲抢。有地方官崔某劝大家不要动手，以免伤人，由他出面与李商议。李某见此形势，欲思保全已不可能，允许地方按序发放。浔民因此获救，但李某难向老板交账，遂投于土地堂前水潭中自尽，崔某得此消息，觉得对不起李的恩德，也自沉于同一水潭中。浔民德其二人，事平后由当地官员上呈，敕封为当地土地，并在其二人葬身之地建嘉应庙。由此二人投水之潭，人称“舍身潭”，还因分粮之日是旧历九月初五，因此旧时南浔人家都在此日吃豇豆糯米饭，成为风俗，以此纪念他们。这一地方传说将外部历史大背景确定为宋末方腊起义存在着明显的漏洞。如果说方腊起义战事影响至南浔，出现饥民是完全可能的，但认为“因兵事所阻，运输不济以致绝粮”，造成饥荒，则不可能，因为北宋时的南浔并不是经济作物区，口粮可以自给，无需从外地输入，故方腊起义至少不可能以这样的方式影响南浔。

传说无法证实，但有两点是肯定的，也是相同的：成为土地爷的人一定有功于南浔；土地庙建于北宋宣和年间。稍作分析，可以得出这样的结论：前一个传说就是在江南各地普遍流传的“总管信仰”，从可能性上说，在南浔发生的事件机率要少一些，况且苏露桥堍已经有一总管堂，而后一传说，意思大体相同，但地方特色明显，更令人信服。当然，既是传说，真实性是不必过于讲究的，关键是传说透露出的其他历史信息。20世纪70年代，在镇上环卫所（即嘉应庙原址）的一墙壁内，拆出一块石碑，镌有明嘉靖十一年（1532年）钱钋《浔南嘉应之庙置地碑记》，内有“崔承事李承事之神所，以肇有宋”云云，说明，嘉应庙最早建于宋代，最可能是在宋末。那时，南浔还是个村落，据镇志记载，嘉应庙在明朝嘉靖、万历，清代康熙、雍正有过四次修缮，晚清咸丰时被毁，同治六年（1867年）重修。

按照《敕牒》上的说法，南浔“七社人烟，岁时节朔，以飨以祀，雨旸必祈，疾疫必祷，所求辄应”，说明最初的祭祀除岁时循例，仅限于旱涝灾害和疾疫流行的特殊年份。平日里来土地庙叩头焚帛、求签问卜的也不少，顺便再去一趟两旁的财神庙和药皇殿转一圈，所以，土地堂也是香烟阵阵。不知从什么年代起，土地堂发展起长达四个月的庙会。

初夏时分，就有人在土地堂前的广场搭起芦席凉棚，沿河用木桩和板条筑起水榭。广场上摆起的“八仙桌”怕是有一百张，上午的茶客是乡下农民，下午是镇上人。泡上一壶龙井，或几盏红茶，就着零食闲聊；小贩们兜售的零食各色各样，什么糖拌菱肉、甘草梅子、鲜嫩藕片、椒盐果肉、莲心汤、酒酿圆子、五香果糕……最受人喜爱的是六个铜板一只的梅花饺。

端午节一过，场面更大了，镇上的饭馆在土地堂设摊，类似如今的大排档。不为逛土地堂，约几位亲朋好友专门来此“野餐”，也别有一番味道。阔绰一些的，炒几个时鲜蔬菜，点上虾仁、鳝糊、蟹粉。在徐迟的记忆中，最精彩的是吃“红烧甩水”：水榭里的伙计捉来了一条草鱼，两三斤重，鲜龙活跳。当面看过后，将鱼往地上一摔，把草鱼摔过去。立刻开膛剖肚，下锅料理，当时端上盘子来，鱼肉鲜嫩得就像入口即化的水豆腐一样。真为野趣而来的人，来一碗雪菜开洋面，就穿行于近郊田塍上了。清人汪曰桢《嘉兴香市祠》云：

炊弄场开集众哗，芦棚招客话菜瓜。
闲游独向笙歌外，负手循畦看稻花。

南浔中学建于报国寺，土地堂成了必由之路，孩子们看着庙会一天闹似一天。天气最热的时候，学校放了假，歇夏的孩子就被吸引了来。卖梨膏糖的“小热昏”最受人喜爱，听客最多，边说边唱，有点相声味道。听小热昏免费，唱完一段，说唱的人打开箱子推销各式梨膏糖。“福大昌”老字号的温雅声手艺好，会扎新嫁娘的头饰“珠花”和“梳头”，姑娘们喜欢围着他的摊头转。变戏法的“王抓臂”是个老艺人，特别擅长变水火戏法：赤膊站在观众面前，手上一块方毯，地上打个滚，站起来就捧出注满水的大鱼缸。金鱼缸藏在哪里？别说小孩，大人们也看不出破绽，所以大家说，这是老头儿的真家伙，每年几乎都在固定的那个地盘上。只是那老头有一点不讨人喜欢，动不动对小徒弟拳脚相向，让人寒心。有一年，一个马戏团跑码头来到土地堂，表演一个叫“三上吊”的杂技，把一个几岁女孩的发辫吊在半空中荡来荡去，小演员泣不成声。[①]女学生躲得远远的，几个胆大的男孩子找到领班，责问：为什么欺侮小孩子？领班的手一摊，笑笑，不当回事。新学年开学的时候，学生们交上《暑假见闻》，一二十个孩子都写到了那个“吊发辫”的小女孩。孩子们因为亲眼目睹，有感而发，据说，看作文的女教师都掉了泪。

土地堂之南，王家桥的近旁是坟地，是南浔一大豪门陆家的，面积很大，种了近百棵不知名的大树，绿荫蔽日。有几棵树上长满了野栗子，逛土地堂的孩子经常用石块猛击树干，野栗子掉下树来，带回家用针穿个小孔，插进一根火柴棒，当陀螺玩。可到了20世纪30年代初孩子们不敢去陆家坟地了。那几年的夏秋时节，每当傍晚时分，远处的居民发现，坟地上冉冉升起袅袅白烟，时浓时淡，经久不散。附近胆大的居民走近坟前，却什么也没有。一连好多天，挨近傍晚，居民们相约登上高桥，观看奇观，其间便有种种妄语不胫而走。

70年过去了，一直留心此事的王维三老人致信《南浔通讯》，说是他在读书时找到解释：古树上生出一种小飞虫，在热天的适宜时间里，会成群地飞出树梢“透空气”，远看就

① 史敏：《忆童年游土地堂》，《南浔通讯》1988年11月12日。

像一阵阵白烟。

孩子们上学了，天气也渐渐转凉了，游土地堂的人渐渐少了。九月初五，是香市的最后一天，照例要请江浙一带有些名气的戏班子上演一台京戏。土地堂是个小庙，戏台建在对河的转角处，台柱上有一副对联，曰：“父老行来消白昼，儿童归去话黄昏”，意谓一台京戏，表演整整一个下午，直至薄暮。这是标准的社戏，但土话都叫它“草台戏”。那天游人格外多，茶桌座无空席，戏台对面的水榭最值钱，每只茶桌要收三元大洋，几天前就被抢订一空。茶棚外空地上也搭起看台，占不上茶座的看客，花上一二角钱，在看台上找个位子也算过了瘾。阔气的人家包上一条画舫，泊在庙前河心的最佳位置，自然是很惬意的了；水面上停满了船。这天晚上，家家户户吃豇豆糯米饭，算是对两位土地爷的纪念。

九月初五一过，拆掉了茶棚，只有空旷的广场和孤零零的戏台，等待来年。

距土地堂不远，在虹阳桥堍的朱天庙前，也有一座“露天瓦台”，装饰似乎还比土地堂的戏台堂皇些，飞檐翘壁，雕梁画栋，面临着浔溪市河。朱天庙不大，有大殿一座，殿上的一尊金身神像，披头散发，瞋目切齿，一足着履，一足赤跣，右手高举执环，左手下垂紧握，怒容满面。传说这是明朝末代皇帝崇祯。有清一代，满清暴虐，不少汉人常自比明朝亡国遗民，江南地方的朱天庙大抵为纪念崇祯而立。南浔镇上，东洋人来之前，几乎每年都有朱天庙会，出会的时候，总有一台戏；观众看戏或站在船头，或隔河而望。

实际上，只要愿凑热闹，草台戏可以不断地观看。东郊三里有个古村，已经进入江苏省辖内，听说那里上演《三本铁公鸡》，就有人去赶场子。

观众看戏或站在船头，或隔河而望(丰子恺)

贤圣会

与土地堂的香市不同，贤圣会是个流动的迎神赛会，而香市是个座会，活动的范围就在土地堂附近；董蠡舟《浔溪棹歌》：

明德桥横绿水湾，文禽两两宿波间。
唾绒莫便当窗绣，贤圣行香此往还。

贤圣会的神在贤圣殿里。庙殿在东栅马家港西岸，有贤圣桥与东岸相连，殿南侧是长生桥。贤圣殿最早建于明代，清初重新修葺过，历前清200年日就倾圮，至道光时，寄居庙中的智远和尚募化重修，傍有砺山神及鲁班、张班祠，美轮美奂。咸丰时毁于战火，1868年（同治七年）重建，一直至抗日战争。据老一辈回忆，贤圣殿坐北朝南，有大殿、偏殿，大殿供有三尊偶像：正中贤圣菩萨，东侧财神菩萨，西侧药王菩萨。偏殿祖师祠供奉着泥匠祖师张班和木匠祖师鲁班。贤圣菩萨，俗称老爷，一身黄缎，一派慈祥富贵气象，大概因为职司四境平安，当地人称它“太平司”。药王菩萨是个青脸，缎袍也是紫的，一脸威严，驱疫镇魔，当地人称它“瘟捕司”。两尊菩萨“庇佑一方，不知几阅岁矣”，是镇人心目中的保护神，据说十分灵验，也留下不少“神话”。

相传上个世纪30年代的一个五月，贤圣会日近，苏州一个神袍店里来了一位商人，模样十分富态，自称南浔人，嘱咐店主成袍后送至南浔腌腊同仁会。几日后，同仁会恰好到苏州请人至贤圣殿给贤圣老爷试穿神袍，神袍店说已经有人预定了，同仁会很奇怪，因为他们并未派人前来订制。苏州人一见贤圣老爷神像，大吃一惊：原来订制神袍的正是这位老爷。

无独有偶，神祇亲自购袍这样的神话，也出现在江苏武进昇东乡的大刘寺，寺里供奉的是东岳大帝。时间长了，东岳大帝的神袍褴褛不堪，有一年准备出巡，不能不购置神袍了，而会首未及注意此事。一日，常邑神袍肆中，忽来一须发皤然之老翁，到肆定制神袍一袭，店主询问何处，老者答以昇东乡大刘寺，叩问其姓，答曰“何”姓，遂订定袍价六十元，约日取货，老者当即从囊中取出中交银行钞票六十元，交予店主，店主检阅无讹，老者即扬长而去。迨至晚间，店主结算，检点日间所进款项，发现那定制神袍之六十元，皆冥通银行钞票也，群相错愕，当即函致该乡，询问是否有人抵城订购神袍。乡人接信，争相诘问，迄无应者，乡民莫名惊异，佥谓系东岳显圣，于是乡民益信东岳之灵验，而加入赛会者，大有万人空巷之概。后神袍店主得此消息，谓东岳有此灵验，即制就神袍一袭，自愿奉送东岳大帝，以结香火之缘。[1]

南浔贤圣殿与武进大刘寺的神祇购袍“神话”，其实质是完全一样的，无非是说明神祇之灵验，增强庙会的神圣性。对于神话，民众社会也是将信将疑，通常的心态宁可信其有，不愿信其无。

庙会最热闹的是，每年五月舆神出行于市，以驱疫疠，谓之“行香”。行香日之前，贤圣殿里就挤满了小脚婆婆，香烛高烧，诵经念佛，通宵达旦。身着袈裟的僧人们及各路客僧，也不断地击铃敲鼓，阿弥陀佛。

迎神的程序早就由会首们安排停当。每年都是固定的“路由”，出了贤圣殿，沿马家港河西过洪济桥，走东大街、宝善街，绕西木巷、垂虹桥转清风桥、泰安桥，沿南东街，至张王庙桥，左拐，越花园桥，至长生桥，转回贤圣殿，队伍前后相接达数里。前面开道的是两面大锣，“镗、镗”地震荡人心，鼓乐队和“肃静”、“回避”的硬牌以及执棍的皂役都在提示着翘首的人群注意避让。紧跟锣鼓队的“犯人”由镇上贫苦人家扮做，他们曾经遇到过疾病之类的劫难，在贤圣殿许过心愿，自愿在出会时扮成死囚，示众于街市。“犯人们”一个个蓬头垢面，背上的斩条用红笔圈着他们的姓名，押解“犯人”的刽子手，腰圆膀粗，袒胸凸肚。之后的“鬼队”，有无常鬼、大头鬼、小头鬼、油利鬼、判官、夜叉、阎王……展现的是阴间形象。

“吊臂香”令人称奇，七八名二十出头的女子，伸出一只只雪白粉嫩的臂膀，以白铜钩穿过臂肉，钩子下端悬着一缸檀香炉，香烟缭绕。据说，这样做是为了报娘恩——吊过臂香了，就算报答了娘的养育之恩。不过，人们只是为了看个新奇，不太相信她们的诚心。因为这些年轻女子平时在镇上也都是“白相嫂嫂”，不见得受人尊重。

臂香队后面的“台阁”上，是两名七八岁的金童玉女，扮演着各种戏剧造型，由四名壮汉赤膊掮着，一路地变着各种造型过去。

最后才是千呼万唤的贤圣老爷和药王老爷，这时锣鼓声、鞭炮声与人潮搅成一片。到得一个商号门前，老爷的轿子突然停下来，人们一片肃静，几分钟后离去，这叫“座轿”，如此一来，以示吉利。商号少不了要给抬轿人一点小犒赏。[2]轿子到南东街花园弄口了，那里有个“吉庆昌”灯彩店，自然要停一停，厅堂中间一个小阿官本来眼泪汪汪，看到走过的

① 张佩英：《东岳菩萨购旗袍》，《新闻报》1928年4月20日。

② 钱应林：《忆昔日贤庙会盛况》，《南浔通讯》2003年5月26日。

"高跷"快碰到"屋庙"，觉得十分新奇，很快忘记了刚才的不愉快。他是母亲特地从震泽带到爷爷店里看贤圣会的，穿了一件喜气的红衣服，柜子上的一只猴子，见到红色，突然窜上来，吓了他一跳。

迎神赛会结束了好几天，镇人还兴奋不已。今年的出会仪仗如何？"台阁"又有什么新造型？当然除了议论这些，人们还要送走远乡前来观会的亲戚，叮嘱他们明年一定得来，听说明年有新花样；真正到了来年，并没有太大的"不同"。几百年来过去了，翻来覆去的，就是这些。不过，谁也说不清，到了一定的日子，出会的劲头总是那么大。一个南浔镇，一年之中半年都在出会。潘益群辑录的《三十年代南浔山歌》唱的就是庙会：

五月石榴似火红，贤圣盛会古遗风。
神云太保刽子手，监押犯人不放松。
六月荷花透水放，大桥湾里毛猪行。
炎炎夏天难行走，臭气冲天不可挡。
七月鸡冠遍地栽，张王庙里任徘徊。
凤凰池边无心立，前面去看总管会。
八月中秋桂花香，土地堂前正闹猛。
杂货摊头西洋景，看完戏法听滩簧。
九月菊花瓣瓣黄，邀伴同游土地堂。
白相只有七八日，过了重阳已散场。

赶菩萨

到了20世纪20年代，情况变化了。那时候，"从外省大学校毕业出来的年轻人"正致力于把"国家观念介绍到小镇上来。"这"自然是很不容易做的，从来只有迎神赛会、演草台戏，可以哄动这个小地方和它的附近的村子里的乡下人"，疯狂地赶来参与。因为有这一传统集会的存在，"组织上的事毫不困难，因为排了队出会，每年有好几次，或是为了贤圣老爷诞辰，或是为了总管菩萨财神老爷的诞辰。"贤圣会变成了双十节的提灯会。为了看晚上的提灯会，乡下人也一定上镇。街道两旁挤满了看提灯会的观众，"被幽禁在深闺之中的小姐现在也挤在人山人海的中间，站在绸缎店或洋货店的柜台上面。张大了眼，守候着。"队伍过来了，人们首先发现了飞机、坦克车、潜水艇的灯笼；突然，行列中喊起口号来："打倒日本帝国主义！中华民国万岁！"接着听到了洋歌。这惊世骇俗的声音让站在时代前沿的人们体会到了它的重大意义："做一个爱国家的人，与做一个佛教的信徒"在此区别开来了。那个晚上，小镇热闹极了，就像财神会、总管会、火神会一样，不过主题是政治的，而不是宗教的。"在这样的机会里，那位蛮干的校长先生给地方人士教育了国家观念。'三从四德'

的少女们，心里也起了一点子波动。国家这个观念到底已经种植在国民的头脑里了。”于是，在“这热闹的纪念日背后，就隐隐约约有着共和国啦，自由，平等，博爱啦，民族，民权，民生啦，等概念。”不久，国耻日来了，来得很多，一连串。演说者带着眼泪叫喊：“在上海啊，离开这里只有一天路程，在南京路上啊，外国巡捕开枪了，打死了很多人”……[1]

毓秀小学的崇昭先生带领孩子们演短剧，名为《列强瓜分中国》，又很形象地出示地图，说过去的版图像公鸡，今日被列强蚕食为桑叶了，叫孩子们长大后要打倒列强，教他们唱一首歌：“打倒列强！打倒列强！除军阀！除军阀！国民革命成功！国民革命成功！齐欢唱！齐欢唱！”北伐胜利后，崇昭先生又组织小学生参加提灯会。大家都在使劲高呼：“打倒张作霖！打倒吴佩孚！”不想路边却有人跟上一句：“吃口油豆腐！”或许人群中有许多人并不了解张作霖、吴佩孚是个什么角色，这跟崇昭的孩子金铭言不理解庙神的神格和职能其实是一个道理，——“父亲为什么要参与到庙里搬菩萨呢？”铭

贤圣殿在东栅马家港西岸，有贤圣桥与东岸相连

① 徐迟：《一个镇的轮廓》，《徐迟文集》(卷二)，长江文艺出版，1993年。

言回忆："我当时一个孩子，还觉得出庙会很有趣。两个舞火球的开道，接着臂上吊着像如意一样的香炉子的好汉，吊在肉中令我赞叹。高跷也是我喜欢的部分。至于出庙会的主要部分我反而不关心，抬了些什么，都没有印象！"

渐渐就到30年代，终于有一年，老人们发现，贤圣会好久没出了！青年人说，日本人都快打到南浔了，哪有心思迎神赛会？老年人坚持：贤圣老爷能保平安的。但毕竟精力不济，任青年人去折腾吧！

年轻人总是向前的。"不知是哪年份上，大概是破除迷信吧，有人领头来打庙"，谈菊美老人指的应该是1950年，打的庙是望海观音楼，位于新开河，"不知是和尚庙呢还是尼姑庵，总之当家的是个女的，叫叶家阿太。"年轻人冲进去，打翻了"老爷"，几十尊菩萨缺胳膊少腿的，泥肚里还有干瘪的蜈蚣、壁虎。谈女士说：这次我亲眼目睹和真正理解了"泥塑木雕"的含意。这东西本来就没有那么神秘。还在民初的时候，镇上的年轻人就已经进行了一次"去魅"大行动，将庙宇翻新成学堂，"巨大的佛像，当他们应用了杠杆的原理来推倒它的时候，也只好吱吱的像老鼠一样的叫着，倒下来，突然一声大叫，就碎为破片。这庙宇还是最近由当地的善男信女出钱重修的。一架发洪亮的声音的铜钟上面还雕着他们的爹妈的名字。这自然是不可容忍的，狂暴的行为，可是镇上的父执辈们立刻妥协了。老年人这样摸着胡子看年轻人的跨进这个社会来。起初年轻人的步子一定是鲁莽的直闯，撞倒了好些东西。你怎样能拦住他们呢？"①

可是，1930年代，当南浔中学的沈（石麒）校长带头捣毁了城隍庙和张王庙的众多神像后，乡民们不干了。1934年江南奇旱，乡民们说：头年捣毁神像，这回苍天震怒降灾！他们先冲向张王庙（那时已改成民众教育馆），把大殿上的孙中山画像掷入河里，还觉得不解气，准备到浔中算账，被劝阻。几日之后，张王庙内香烟缭绕，道士们合十念经，宫外旗幡招展，门前贴出设醮榜文：先是祈祷七日，再为上表天庭，地点在便民桥邢家门前。那天下午二时许，众道士身穿法衣，手执响器护拥。庄骥千先生身穿蓝袍黑褂，手捧表文环绕数周，然后徐徐上台，先烧纸锭，再化表文，纸灰随风飘去。庄先生在士绅中为人宽厚，受人尊敬，故特请他主持上表仪式。人类学家认为，仪式是沟通社会关系的一种方式。庄先生是社群代表，代表社群表达一种愿望，至于能不能

① 徐迟：《一个镇的轮廓》，《徐迟文集》(卷二)，长江文艺出版，1993年。

如其所愿，天降甘霖，那是强求不得的，这在庄先生恐怕也作如是想。切记：庄先生的背后站着芸芸乡民，“菩萨是农民立起来的，到了一定时期农民会用他们自己的双手丢开这些菩萨，无须旁人过早地代疱丢菩萨”(毛泽东语)。

南浔知识人仍然坚持用自己的方式赶菩萨。1925年后，报国寺里的菩萨被打碎后，有了南浔中学，有意味的是，寺庙屋脊上的八个大字仍在：“风调雨顺国泰民安”，这同样是学校的追求，寺庙没有了菩萨可游，同样可以集会。抗战胜利后浔中复校，在那个特殊年代中诞生的“晨光级”学生更加渴望演唱会歌，演出话剧；“双十节”到了，学生们自发举行“提灯会”，全班同学行动起来，还得到开木工作坊的钱桂荣家长的帮助，大家找材料、劈竹篾、扎灯彩，三天功夫制成了两架全南浔最大的飞机灯和坦克灯，把宝善街上各行各业制作的形形色色的漂亮彩灯都比下去了。特别是那架坦克灯，庞大的模样十分逼真，下边四个轮子可以滚动，铁皮卷成的炮筒可以发射爆竹。提灯会那天晚上，几个女同学拉着它从南栅走到北栅，一路上炮声连天、笑声不断，出足了风头。晨光同学幼小的心灵里滋长的爱国情绪得到从未有过的畅快宣泄。秋日，姚逊先生还组织了一次“反对”粪行霸持肥料的农民运动，“为农民积肥呼吁！”最终迫使粪行让步。这年冬天，师生合作在镇上大众剧场演出话剧《升官图》，三场爆满，轰动了全镇。所有这些活动，同样让百姓兴奋，其程度不亚于贤圣会。也许仅仅是这些，还不足以赶走百姓心中的菩萨，但它们与贤圣会有一个不同：知识人力图将社群的命运与民族的命运结合起来，并竭力将命运掌握在自己手里。

暑假里，庙会少了，一些洋学生从上海搬来了摩登货。20世纪20年代赴上海求学的南浔大中学生不少。1928年组织的“南浔旅沪学生会”想为家乡做些有益工作，便利用暑假回浔的机会，请来了上海著名的话剧团到南浔演“文明戏”，前后半个多月。戏台没有上海的那么堂皇，就在张王庙里搭建临时的草台。[①]里人向来爱看“草台戏”，这回变成了“文明戏”，舞台上扭动的不是帝王将相，魑魅魍魉，而是布衣袯襫，似乎更具亲和力，人们兴致也很高，票房还有盈余，学生会又用余款在毓秀桥创办了“通俗图书馆”。

① 朱蔚文：《崇昭先生》，周育煌：《我也爱花园弄　难忘曹庆昌》，谈菊美：《童闲趣事二三事》，陈石波：《1934年江南大旱南浔祈雨趣事始末》，孙越励：《忆晨光》，林黎元口述：《怀念姚逊》，朱章焕、张善琛：《追忆南浔庙会》，分别见《南浔通讯》2002年7月8日，2002年4月4日，2003年12月25日，2003年7月10日，2002年6月5日，1997年11月17日。

闲　庭

童寯在《江南园林志》中写道："南宋以来，园林之胜，首推四州，即湖、杭、苏、扬，向以湖州、杭州为尤。然湖州园林，实萃于南浔，以一镇之地，而拥有五园，皆为巨构，实江南所仅见。"五园中，毫无疑问，小莲庄执其牛耳。

小莲庄：彼泽之陂，有蒲菡萏

小莲庄位于镇西南万古桥西，鹧鸪溪畔，是清代光禄大夫刘镛的私家花园，故又称"刘园"。刘镛（1826～1899年），字贯经，祖籍上虞，高祖刘尚贤于清康熙初年迁居南浔。刘镛兄弟三人，他排行第三，发迹后人称"刘三东家"。相传祖上业铜匠，后于丝行埭开铜匠铺，前刘氏家庙神龛中还供奉着一副小铜匠担，以示饮水思源，创业维艰。第一次鸦片战争之后，上海辟为商埠，辑里湖丝出口剧增。刘镛与镇上邢赓星合伙开设正茂丝行。据说，邢氏拥资却生性朴实，而刘镛初起却机智能干，两人相得益彰，不数年均获大利。至晚清同治初年，刘家已殖财数十万，号巨富。致富后的刘镛很快放弃了风险极大的丝业，转营盐务，设扬州盐场，成为淮盐有实力的引商；兼并土地，置庄田，在上海、汉口、青岛等开放口岸，开发房地产，又经营典当，开办钱庄，投资银行，涉足金融市场，从各种渠道，扩大其资产。至光绪中，其财富居南浔"四象"之首。

在南浔，园林是一个家族实力和声望的象征。在大户人家，"家财多寡，非局外所能知。巷议街谈，原系得诸风闻，其藉以测断者，厥为各户渲染之程度，而各户最易争奇斗胜者，唯有修建园林一途而已。"①刘家开始规划园林了。1873年刘镛购得南栅的"挂瓢居"。这是一块清嘉之地。"挂瓢居"古为学舍，隔河的长生古刹，建于宋建炎中，寺前松径几半里，旁有塔院；学舍前临荷池，俗名"鱼池径"，盛

① 刘大钧：《吴兴农村经济》，见《南浔镇志》，上海科技文献出版社，1995年。

夏多作茶寮。清嘉道年间，售入民间，辗转归于朱氏家族，朱家倚池生活多年。

刘家进入“挂瓢居”，荒池丛薄。读书余暇散步其间，足音跫然。耽溺于幽寂的空间，刘家人“辄思结庐以资习静。”刘镛不是读书人，有财无禄，不上门第，故极力教子课读。其四子：长子刘安澜，字紫回，同治十一年（1872年）秀才，附贡生，为大房，立堂名“尊德”，建宅于白鹇兜，名“尊德里”；次子刘安江，又名锦藻，字徵如，光绪二十年（1894年）进士，立堂名“贻德”，建宅在南西街新开河口，正厅名“贻德堂”；三子刘安泩，字梯青，光绪十九年（1893年）秀才，立堂名“崇德”，在南东街花园弄口；四子刘安溥，字湖涵，立堂名“景德”，在南东街凤凰桥南首。刘镛被恩封为通奉大夫，锦藻进士及第。不幸的是，1885年，长子安澜至杭州乡试，突染恶疾，遽尔辞世，时年29岁。锦藻伤心至极，

小莲庄位于鹧鸪溪畔

请命父亲，就池畔筑居，以厝伯兄亡灵。

元代著名书画家赵孟頫，曾在湖州建有莲花庄，刘镛追慕赵氏的文采，也在家园中补植花柳，重栽荷花，将其园命名为“小莲庄”。每值池莲盛放，风定香流。刘镛是个商人，附庸风雅，踵赵氏遗迹，自在情理之中。在元代书画家中，赵孟頫艺术成就最高，可能因为其为宋宗室而仕元，代有非议。就在赵氏本人，也是相当痛苦的，所谓“误落尘网中，四度京华春”，已经吐露了仕隐两难的心迹。“云无心以出岫，鸟倦飞而知还。景翳翳以将入，抚孤松而盘桓”，这大约为传统士大夫的普遍理想，唱和，读书，挥毫，赵孟頫将湖州别业改称为“莲花庄”，以莲花之高洁而自况，而他人如何感觉则另当别论了。在这点上，刘镛与赵孟頫倒十分相像：前者斤斤钻营，却有财无禄；子孙成龙之日，心为之累，乃欲效莲花之情志，已然造作；明言步赵氏后尘，亦不惧平庸之讥。是可叹者，长子英年早逝，使刘镛对无常人生之理解，自当更为精进。小莲庄既为厝子之亡灵，便在园中专辟一屋，悬挂安澜遗像，衍陆游诗意，榜曰“自在”。似有心无一景、万象俱空、闲庭足乐之慨。揽景思人，锦藻唏嘘不已，恍惚之间，仿佛音容宛在。

1899年，刘镛去世，锦藻继承父业。时值“百日维新”之后，清废科举，锦藻崇尚新学，倡议浔溪书院除常课外，增设经史、时务、策论，并延聘萧山立宪派人士汤寿潜为山长，以书院为依托，开明镇绅庞莱臣、周汀舲、蒋汝藻、张钧衡等云集一体。

1905年7月，汤寿潜与刘锦藻邀约浙江绅商在上海集议，拒绝英美借款，创办“浙江铁路公司”，被推举为正副总经理，庞莱臣、周汀舲、蒋汝藻、张钧衡等当选为董事，投资铁路。为保证自办浙江铁路的顺利建成，开发地方经济，1907年10月，刘锦藻与同乡庞元济、周庆云、张澹如、蒋汝藻等集资100万元，联合成立浙江铁路银行(后为浙江兴业银行)。在此前后，锦藻又在通州设垦牧公司，在上海设大达轮船公司，在扬州设盐场，在杭州广开当铺，在莫干山经营别墅，在南浔投资浔震电灯股份有限公司，开设刘正茂绸缎局……到这时，刘家可算是家大业大了。

与此同时，锦藻在小莲庄启建家庙，于荷花池四周，布置台榭，小莲庄经过“频年结构”，有了园林、家庙和义庄，“灿然具备”基本格局了。

园林分为外园与内园。外园以占地十余亩的荷花池为中心。园林学家阮仪三教授详说：池水清碧，满植藕莲，亭、廊、房、楼绕池布置，石径弯曲，松柳高大，花木扶疏，池面宽广，云天倒映，觉其疏朗。建筑朴实，构造雅致，感其高趣。西岸为一长廊，廊壁嵌置碑刻四十五方，其中，《梅花仙馆藏真》石刻共十四方，系摹秦琅琊台旧拓本式样，字形大小一如真迹，《紫藤花馆藏帖》系清翰林待诏吴江黎里徐达源与二十多位文人雅士往来投赠的诗文、尺牍，内有清代著名文学家袁枚和日本诗人熊坂等人的手迹。《紫藤花馆藏帖》原由晚清南浔丝商周昌富购于黎里，周昌富晚年家道中落，刻石落入刘锦藻之手。碑廊尽头临荷花池依次为：“净香诗窟”，旁多丛桂，承连水阁，老树扶疏；其南曰“东升阁”，高楼砌架，全池一览；右为“养新德斋”，植蕉满庭，满皆绿；回廊三折达一厅，曰“退修小榭”，北向面池。东出碧栏缭绕，有亭翼然，设秋千以嬉娱。

1905年后，外园曾有“七十二鸳鸯楼” 三楹，面向荷花池。倚楼南望，内园景色尽收眼底：

> 隔墙小山，呼之欲出。楼之东，莳梅十余枝，编篱饲鹤，拳石玲珑，中藏一门，迤北为花圃，园丁于是播植杂卉。迤南修竹千竿，青葱峭蒨，豁然开朗，别有一天，则甲子年所新葺也。凿池栽芰，叠石成山，松径一湾，枫林四匝。[①]

如今，只留圆墩数桩面对一池静水。呜呼！

挂瓢池东南暗连内园荷花池。内园以假山群为中心布局，假山以太湖石堆砌，玲珑峭削，东坡植枫，秋枫红醉。绕行山径，吟咏着杜牧的《山行》，才能体味园主的独运匠心：

> 远上寒山石径斜，白云深处有人家。
> 停车坐爱枫林晚，霜叶红于二月花。

山巅有小亭，名曰“放鹤亭”，其下为“掩

刘氏家庙外矗立着两块牌坊“乐善好施”和“钦旌节孝”

① 刘锦藻：《小莲庄记略》，《南浔镇志》，上海科技文献出版社，1995年。

醉轩”。

花园西部，昔为刘氏家庙，庙外矗立着两座青石牌坊，一座称“乐善好施”，另一座为“钦旌节孝”。

乐善好施，确实是刘氏家风。1869年，浙江大水，湖州受灾尤重，米价飞涨，灾民乞食。刘镛筹金数万，雇轮船向芜湖购米万石，赈济平粜，人心大定。刘安澜生前曾捐款赈济湖北水灾。1901年，刘锦藻向清廷出资助赈陕西灾难，依例授候补四品京堂。1905年（光绪二十九年），锦藻在南浔创建积谷“义仓”，贮备粮食以为救济贫民。1916年，在积谷仓内建孺嫠小学。1934年，江南大旱，刘家便动用“义仓”积谷设厂施粥，帮助居民渡过难关。刘镛恒谓人曰：“人以好施目我，夫吾固惧多财之为害，而施以禳之也。”

“钦旌节孝”坊为旌表刘安澜夫人邱氏所建。邱家亦南浔富户，安澜以29岁英年而逝，邱氏恪守妇道，未曾改嫁。

家庙门前青砖照壁，门旁石狮，共三进：门厅、大厅与后厅。大厅正堂悬“承先睦族”九龙金匾，表彰刘家亲族济困的传统。刘氏父子在义庄置办庄田，设家塾，供本族贫寒子弟免费入学，刘锦藻又从义庄收益中提成作为兴学经费，厘定兴学办法。家庙后厅为走马楼式，名“香德堂”，为悬挂祖宗画像之所。家庙西

刘镛追慕赵孟頫文采，也在家园中重栽荷花，将其园命名为“小莲庄”

小莲庄之西临溪，隔岸即嘉业堂藏书楼

落为义庄，共两进，前为平房，后为楼房，庭院中有古桂两棵，故又名桂花厅。小莲庄之西临溪，隔岸即嘉业堂藏书楼。

适园："以适其志"

自南宋至清代，南浔一地，有各式园林24座，几经兵燹，如今除小莲庄和颖园完整保存外，他如适园只剩一座石塔，述园尚留快阁，宜园仅存遗址供人凭吊了。

在鹧鸪溪畔的适园，为张石铭于1907年所筑。适园20余亩，叠石为丘，浚池为壑，亭榭花木，结构颇佳。其胜处为二池。馆宇高下，与池向背有净碧堂、曜霞榭、酣春馆、宿影亭、观稼轩。园中杂植梅棠篁桂之属，流连其间，惟荷与菊尤盛，为夏秋花事之最。园中景观，金蓉镜《张氏适园十二景诗》述其大概：曰奇峰拱笏、曰高峡观泉、曰松崖溅瀑、曰桃鸣寻源、曰平谷

旧时的适园如今只剩一座石塔

塔影、曰曲沼荷风、曰池亭拥翠、曰画阁凌波、曰桂廊伫月、曰石窟留云、曰涧桥踏雪、曰鹤诸探梅。

适园取意，所谓“季鹰适志”。季鹰即吴郡张翰，西晋人。时，齐王冏征辟其为大司马东曹掾，他无意出世：“天下纷纷，祸难未已，夫有四海之名者，求退良难，吾本山林间人，无望于时！”张翰又见秋风起，乃思吴中菰菜、莼羹、鲈鱼脍，曰：“人生贵得适志，何能羁宦数千里以要名爵乎！”遂命驾而归。张石铭恰与张翰同姓，他爱藏名人书画、秘籍善本，且喜校勘，精刊以行于世，此适园主人之所谓适者。

抗日战争中，适园遭到严重破坏，但围墙尚完整。抗战胜利后，吴兴县县长以修筑工事的名义，将适园的围墙拆除外运。园子没有遮拦，不义之徒便盗树拆屋，惟园中石塔幸免。石塔凡七层，高三丈八尺，1911年，张石铭为其母诞辰70周年而建，名“长生塔”。上述“平谷塔影”即言此塔：“窣堵婆挺立，视母长生为，孝性合天倪，神功出幽局，镌摩元和祥，慧业之所持”（郑孝胥《适园记》）。塔有石刻48块，每面纵八寸四分，横一尺，其中包括敦煌石窟拓本唐柳公权书金刚经全部，江阴缪荃孙撰文、嘉兴钱文惠书《适园金刚经塔》石刻十一石，故塔又名“金刚经塔”，石刻中最珍贵者为近代书画大师吴昌硕先生为长生塔题写的古体长诗。画家陈石波先生是吴作崇拜者，“文化革命”之初，听说石塔底层题咏碑刻受损，便急与友人前去抢拓。当时碑刻已多处残损，个别字难以辨认，只拓得轮廓大概。他将拓片藏诸箧底，直至1977年“文革”结束，趁养疴赋闲之际，取出拓片，细心修补，得显题诗全貌。陈先生读到新版《南浔镇志》所附吴昌硕“长生塔赋”，发现：镇志只刊出题诗后半部，编者断句亦有舛误，便向1996年7月31日《南浔通讯》奉呈全文：

阶翻红药池涟漪，竹摇尾松之而，石铭奉母母奉佛，济人一心佛仿佛。适园之乐乐融融，香焚宝鼎盘献菘，葱蒜鱼肉吾腹充，思一涉趣禅难通，望之有若高崆峒，母云此翁心尚可，离奇骨相青莲朵，请持半偈来点经，诚县笔意渠眼明，请秘传闻甲天下，此宝千万论光贯，为母建塔嵌塔腹，佛光明处抱经读。石铭有清人，随唐并不朽，造塔胜造像，拜佛即拜母，是母是佛一而二，此园此塔此天地，嗟予哭母心恻恻，母在未尝小人食，深愧石铭尽子职。呼嗟乎，石铭教孝仅一端，储古本书能校刊，孝经读罢如座百宋之一廛。

石铭孝廉为其太夫人建塔适园赋此奉

正戊午夏　吴昌硕

在此摘录全文，一以存文，更可见适园取意与长生石塔立意多么相埒：“造塔胜造像，拜佛即拜母，是母是佛一而二，此园此塔此天地。”其实，陈先生钟情吴作是适其所志；巧的是，寓居德清的李牧先生也曾经在适园做过《碑的梦》（《南浔通讯》1999年9月25日）：

在我的幼小记忆中，适园已是一座废园。其中，给我印象最深的是在“假山”之旁有一块极大的伏倒地上的摩刻“华山庙碑”。

在十年动乱之始，我常和施锡君来到这里散步，伫立在这已被折成二段，碑身上又被钻了好几十个圆孔——那是什么地质探测队为“练兵”在上面实习打炮眼的成绩。读着依稀可辨的碑文，二人都有一种凄凉感。横竖没事可做，我们寻寻觅觅，碑倒还真不少，有的下了河埠，有的上了猪圈；垫脚的也有，散搁在竹林里长了青苔的也有；更惊异的是恰巧这一年大旱，荷花池几近干涸，掉落在池中的碑石，兀兀突突的露了出来。心想，这些碑虽然还能一见，但在劫难逃，恐怕也不久于人世了。于是两人鬼迷了心，起了呆念，想拓出二份来。

……我们最先拓的是塔身最下的吴昌硕诗碑，把打湿了的“媒头纸”极小心覆上去，然后用毡垫着，使小锤轻轻叩打出凹印，待干，正拟棉拍上墨，但坏了，一阵风吹来，那辛辛苦苦锤打了的纸竟毫不在乎的翻了下来。二人琢磨，水中应加点浆，试一下，果然不错，但浆多了也不行，揭不下来。孰多孰少，很费了几天时间，终于熟能生巧，拓一张是一张，拓一张赞叹一张，张张是“精品”；忘了大街上正在批批斗斗，忘了腹中早已空空如也，我们实在陶醉在其中了。

钻到猪圈里去拓，伏在田埂上拓，爬到塔腰上去拓，下到荷花池中去拓。拓，拓，拓，我们终于面对厚厚的二大堆拓片心满意足了。

后来的事，据李牧称，“文革”开始后，起名为《浔碑拓残》的成果未能逃过劫难，但是，想象一下他们“面对厚厚的二大堆拓片”时“心满意足”的情景，也不枉“适其所志”了一回。有陈石波、李牧、施锡康之“适志”者，南浔之文脉绵延可望。

宜园：景与兴会，情与时适

旧时南浔对于适园园名之来历有一则传说：适园建成后，张石铭一时想不出一个合适的园名，就召集了一批帮闲文人，来商议园名。但各说各的，张都摇头不语，最后有一人说是应取名“适园”，问其故，他说：庞家花园名为宜园，我们何不取名适园，因为适宜、适宜，适字在前，宜字在后，这不是盖倒宜园的意思吗？地方史专家黄舆先生认为，此纯属无稽之谈。适园建于清末光绪三十三年（1907年）岁在丁未，而庞氏宜园一直延至民国七年（1918年）才建成，岁在戊午，适园比宜园早建十一年。即此一端，已可见上述故事的荒唐无稽。何况张石铭素性恢宏大度，绝不会如此胸怀狭窄要盖倒人家的想法。适园园名之来历，在郑孝胥的《适园记》中已经明示出典；在另一篇由郑孝胥书写，况周颐撰文的《宜园记》中，可以见到：宜园以宜名，谓园中景物四时皆宜也。《天保》之二章曰“罄无不宜，受天百禄”；古彝器及瓦当文字有云“长宜子孙”，君宜官宜富当贵，则夫庞氏之承垂裕，方兴未艾。诗人朱彊村《宜园题词》的解释似乎更合适：“春宜花，秋宜月，夏宜凉风，冬宜晴雪。景与兴会，情与时适，无乎不宜，则名之曰宜园也宜。”细一思量，宜园与适园意趣基本一致。

宜园坐落于东栅吊桥外，园主庞元济，善书画、精鉴赏，构园之始，规划莫不经师匠，一树一石，自饶画趣。地方教育家林黎元先生说，南浔原有私人花园十余处，大多与住宅相接，其中单独布局、规模较大者有刘家的“小莲庄”、庞家的“宜园”和张家的“适园”。我最爱“宜园”，取其幽雅入画，四季宜人。1996年专门作《宜园追忆》，将60年前的宜园细部呈现出来：

园分内外，一架紫藤引入外园，沿“绾春廊”北向达“绮霞仙馆”，馆前有花坛，植各色牡丹，四月盛开，朵大绮丽，春意盎然，赏花者纷至沓来。乡前辈沈伯经先生有《绮霞仙馆看牡丹》诗：“姚黄魏紫斗繁华，丽质缤纷散绮霞，撷得洛阳佳种子，名园妆点画图夸。”牡丹有国色天香花王之誉，在诗人画家笔下引人遐思。外园以太湖石叠山为中心，曲径蜿蜒可登，下有洞，洞前有小潭，上架三曲桥，潭中金鱼时隐时现。过桥入回廊，过“碧阴轩”进“鹤守轩”，轩前有鹤笼，饲丹顶鹤，周植香梅，仿宋诗人林和靖“放鹤亭”意境。循回廊迤东为“竞秀草堂”，庭间山茶婀娜，月季芳菲，沿墙石笋笔立，小竹成丛，阶下芳草绿茵，堂前老树扶疏，黄鹂声声，有寂寞园林空好音之感，实为游客绝好的休憩场所。堂后丹桂成林，每到中秋，繁花如金，香溢满园。转向北廊有“延秋处”面对月洞，进入内园。

内园以十亩荷池为中心，南岸正中建“保静山房”，为宽敞的四面厅，面向荷池，可以远眺。周植梔子，夏日花开，香泽沁心。东侧修竹夹道，曲径通幽；西侧以鹅卵石铺成场地，五彩缤纷，玲珑可爱。沿西墙有“半画阁重楼”，两端叠假山，可拾级登楼，中有斗室突出于外，取名“快雪时晴”，凭（凭）窗俯视内园，一

宜园：景与兴会，情与时适

览无遗。楼北有广玉兰二株，叶常绿挺劲，更开白花如荷，故又名荷花玉兰，清香舒怀。……荷池东西两岸均为长堤，东堤遍植垂柳，春来一片嫩绿。西堤有木香花棚架，形成长廊，与张家的花园一墙之隔，有漏窗可窥。濒池有亭曰“仙露明珠”，依栏赏荷，特别是随风在叶面上滚动的露珠，经阳光折射，闪闪发光，煞是好看。廊尽处由九曲桥与池心四面厅相接，取名“半湖云锦万芙蓉”。每当盛夏来此品茶小憩最佳，厅外绿叶银珠，莲蕊飘香；厅内多板雕屏条，有郑板桥的竹石，任伯年的花鸟等名家字画，供人欣赏，还可静坐听蝉，闭目养神。东侧沿池尚有一亭，名“听雨小榭”，雨打荷叶，淅沥作声，别有诗意。

纵览适园，前半部画阁重楼，回廊曲折，入后则荷池数亩，空旷宜人。每逢令日佳节，园门敞开，游人如织。周庆森《丁末清明东郊散步，遂游宜园》：

清明二月杏花天，柳柳丝丝扑禁烟。
多少游人齐出郭，文昌阁畔舣游船。
游船如织往还渡，信步还寻芳草路。
鹿门依水扬名园，蚁聚蜂屯不知数。
由来园禁门常关，佳节游资一律删。
绿女红男相杂遝，水心亭子碧波湾。

青房子，红房子

在南浔，最富江南水乡味道的建筑无疑是“百间楼”。

百间楼夹河而筑，河就叫百间楼河，沿河是街，面街成店，前店后宅。楼居多为二层砖木结构，粉墙黛瓦，木栅窗；底层多披檐。楼前是狭长的人行道沿河柱廊，跨街搭盖廊檐，架以一道道圆拱式券门。整条街面，屋舍毗连，山墙相隔，形状各异，高低错落。驳岸外侧，一座座河埠石阶伸延入河。同济大学阮仪三教授称，纵观江南水乡，南浔百间楼是迄今为止保存得最为完整，并留有传统风貌的沿河民居群落。清人鲍钤小泊南浔，留下一幅水墨画：

水市千家聚，商渔自结邻。
长廊连蔀屋，斥堠据通津。

氤氲在画里的人家已经习惯了青青的生活底色。可是突然有一天，镇上有人发现，在高高的风火墙内，在青青的砖瓦之间，在深深的庭院里厢，竟然藏着一幢“红房子”，红得有些刺眼！

“红房子”隐在“懿德堂”里。“懿德堂”是张颂贤之孙张石铭的住宅。张颂贤有二子，分门立户之后，次子宝善仍住老宅，称“尊德堂”；长子宝庆迁居南西街华家弄口，立为“懿德堂”。宝庆40岁便罹患撒手，繁劳的家务概由妻子桂氏一手操持，儿子石铭感其母亲善德，以“懿”为堂名。

“懿德堂”面临南市河，背依鹧鸪溪，原也是大户人家的住宅：南侧为诗礼之家董说所居，光绪年间从其后人手中购得；北侧顾宅，是镇上最早发家的“四象”之一顾家顾丰盛旧居。两座院落体现的完全是典型的中国风格，牛腿梁枋花窗，砖雕木雕石雕，整个的散发着浓郁的传统文化气息。张石铭翻修时，也基本上保持了这种风格。“懿德堂”五进，走入前两进，人们还意识不到有什么异样。

面临南河的大墙门当地称“正门”，门内一厅，是“轿厅”，停轿歇脚之处。厅后天井被通向二进大厅的矮栏走道自然分成两个部分，两侧粉墙之上，镶嵌着四块青石雕刻，浮雕的是福禄寿三星和八仙人物。转身举首，轿厅腰门的门额上，是一代书家吴昌硕“世德作求”的题额，四周的许多砖石雕饰，都是古典人物、车马、花卉图像。大厅面阔三间，中间高挂的“懿德堂”匾由清末通州状元张謇所题；正中的红木圆桌、雕花靠椅，四壁的画屏字联，与一般豪门人家无甚区别。大厅供婚丧嫁娶祝寿庆典之用，必要时，可以打开厅后的活动屏门，扩大空间。大厅的左壁称花厅，与花厅相对，隔一天井与主人的书房“择是居”相对，其实就是轿厅的南隔壁。伫足于书房前的天井中，背对书房，远望，在花厅底楼微暗的光线里高悬着“以适其志”的匾额，它在提醒人们：这是一位书画金石收藏家的理想追求；近瞧，在分隔女厅与天井的厅门上，雕琢着许多《西厢记》中的戏文场面，一派古风；甚至当你通过南侧通往三进的腰门，细细琢磨门楼上“竹苞松竹”的吴滏题额时，仍然感觉到盎然的古风。

大厅之后的堂楼，呈三间二厢格局，为女主人接待理事的地方，楼上供女眷居住，故称“女厅”。就在这二、三进天井之间，女厅楼上的风格让你猛地感到有些异样：在落地镂花木雕长窗上，镶嵌着一些菱形印花蓝晶玻璃，艳丽的宝石蓝在阳光下分外耀眼，据说那是从法国专门进口的。

第三进为内厅，因为两侧的漏明廊窗镌刻着蕉叶，称芭蕉厅。据说，从前的庭院中栽种了许多芭蕉，供眷属观赏。夏日清晨，芭蕉叶的露珠晶莹剔透，煞是诱人，女眷们小心翼翼地抖动蕉叶，露珠便滚入容器，清冽甘甜，留着泡茶，故此厅又称甘露厅。应该说，芭蕉营

舞厅外的门廊成为建筑物立面的中心部位

造的还是传统的氛围,但楼窗上从法国进口的蓝色印花玻璃和窄廊上的彩色地砖将人们导入了一个新奇的世界。

果然,向南稍走几步左拐入一个小门,便是第四进大厅,里面一个法式的豪华舞厅:两侧置壁炉,后设化妆间、更衣室,地上法国彩砖,厅内两根细长的圆柱是西欧流行的科林斯式样,就像古罗马建筑师维特鲁威在《建筑十书》中描画的,仿佛少女的纤柔身姿。因为少女幼弱,肢体更加苗条。舞厅外的门廊,正门和成组的柱子构成了一个不规则的抽象圆柱形,很明显成为建筑物立面的中心部位,依此而下庭院的几步台阶也衬托出门廊的更高地位,门廊两柱为角型断面,柱头亦模仿科林斯柱式。科林斯的柱头图案是一棵完整的忍冬草,叶端呈涡卷状。这种欧式花卉将一个凄美的传说永远地凝固在欧洲各地的建筑中:希腊一位科林斯公民少女,已经临近婚期却患病去世了。埋葬之后,乳母把少女生前最喜爱的东西收集起来,装进篮子里放在墓碑上。为了使它在露天里尽可能地耐久,便在篮子上盖了一块瓦片。篮子偶然压在一棵忍冬草根上,到了春天,忍冬草茎发了芽,在篮子的周边生长起来,因为被瓦压着,叶端被迫长成了涡卷。一位杰出的雕刻家偶然经过这座墓碑,发现了这只篮子和它边上茂密的叶子,对这新鲜的样式

刘氏梯号最为显眼的当然是“红房子”

十分喜爱，就以它为原型在科林斯造了一些柱子，规定了它们的比例。从此开始，建筑中就多了一种科林斯式。①茁壮神奇的忍冬草就这样随着欧式建筑飘洋过海来到中国的江南小镇。在洋楼的二楼门墙上，红砖雕饰的忍冬草，与中国的葡萄和牡丹叶纹饰和谐地组合为一体，于凄美中透出一些富贵和喜气。

科林斯、巴洛克、券柱式……这些西洋建筑术语，小镇人觉得它们拗口而专业，他们只是说，“懿德堂”后院里藏着一座西洋楼，墙面和屋顶都由法国红砖雕砌而成，是一座“红房子”。“红房子”在那个时代显示着与众不同，代表着一个家族与时俱进的态势。

位于“四象”之首的刘家也要造一座“红房子”。在花园弄旁，刘镛三子刘梯青于20世纪初年开始建造豪宅，南浔习惯称它为“刘氏梯号”。梯号的风格可谓中西合璧，但建筑师却是土木匠——邬荣昌木作。邬家祖籍奉化西坞镇。西坞人爱外出谋生，1877年，13岁的邬鹤奎只身来到宁波一家船厂当木工，16岁随师赴杭学习西洋木作，期间结识南浔刘家在杭州的管家，经介绍于十九世纪末年乘刘家便船来到南浔，被刘梯青聘为“把作师傅”。刘氏梯号工程浩大，邬师傅专程回宁波老家，招聘了上百名工匠来浔：大木、小木、雕匠、泥匠、石匠、漆匠……个个手艺一流，精心打造。②梯号最为显眼的当然是“红房子”。不要提“红房子”花俏的科林斯廊柱以及与之连为一体的巴洛克弧形和罗马券柱式廊门，也不要提二楼的西式铁花栏杆、彩花玻璃，更不要提室内的壁炉、壁画、彩砖和沙发，以及房前的网球场，只要一提到两幢砖楼的通体红色就足以引起人们感官上的反应：那就是西式；与粉墙黛瓦完全不同的西洋色调。不过，“红房子”房主似乎为了减少这样的异国情调对于镇人的过分刺激，而把强烈的色彩掩映在扶疏的花木之间，封闭在高耸的马头墙之后，簇拥于青砖黛瓦之中。

申家坝的“红房子”不必遮遮掩掩，因为它是一座天主教堂。作为传教的场所，来的人越多，越能证明其存在价值。1904年（光绪三十年）天主教传入南浔，起初在信徒家中集结。后来买了当地的房屋，当然是中国式的建筑。1926年，由爱尔兰传教士莫尔斐赞助，英国神父马安德主持建造了现在这座“红房子”教堂。从建筑类型上说，它是哥特式的，但它首先是

① 陈志华：《外国古建筑二十讲》，生活·读书·新知三联书店，2002年。

② 邬福民：《邬家木作二三事》，《南浔通讯》2002年10月1日。

耶稣堂的青灰色调未能掩抑它的洋气

丝业会馆不是“红房子”，门楼却十足的西化

券洞上方的扇面门头上，“SILK GUILT”是“丝业会馆”的西文表达

一个教堂，就是说，它以哥特式的手法表达了一种特定的观念，属于天主教。教堂正面顶端直立的十字架，叙说着一个令人恐惧的故事。在十字架的下方壁龛里，圣母玛利亚直立其中——跟严厉的耶稣不同，圣母是大慈大悲、救苦救难的仁爱之母，人们在她面前祈求得到保护，使人充满了得救的希望。作为教堂两侧立柱的自然延伸，两个直刺苍穹的尖顶，对称地分立于圣母两旁，不但象征地表现了哥特式建筑的风格，更重要的是，它表明通往天堂的通路。圣母龛与中门之间的圆窗，被均匀地分隔分十二格扇形，其间镶嵌的彩色玻璃，虽然没有绘刻宗教故事，却体现了哥特式教堂的典型细节。

南浔人认为，“哥特式教堂”的叫法太西化，既然完全是用红砖砌成的，不妨就叫它“红房子”教堂。“红房子”成了西洋楼的代名词。

其实未必。南西街上的耶稣堂，两层的礼拜堂，三楼的钟楼，不必说钟楼顶端的十字架，整体的风格也表现出罗马建筑特点，但它的青灰色调未能掩抑它的洋气。

坐落于南西街上的商会，1926年建造，门楼同样是西洋式的，但它置身于一大片青房子之间，西化意识实在难以伸张。南东街上的丝业会馆最初建于1865年（清同治四年），经过几次翻建，最后落成于民初，它不是“红房子”，门楼却十足的西化。作为罗马券柱式大门的一部分，两侧的柱子在柱头处以秀逸纤巧的涡卷纹饰显示了爱奥尼柱式风格，而两侧方柱的柱头，因为外加于涡卷之间的繁复雕饰，显现出科林斯特征；券洞上方的扇面门头上，“SILK GUILT”是“丝业会馆”的西文表达。所有这一切都在极力表明，作为一个同业聚议、地区沟通、中外交流的机构，丝业会馆应该极力与国际接轨。事实上，丝业会馆多次接待过来自美国等地的丝商观光团，当外国丝商穿过西式的门楼时，扑面而来的是一股浓浓的江南气息。张和孚《南浔小志》记道：（丝业会馆）“主体建筑为大厅，名端义堂，面宽三间，通高约15米，硬山顶，抬梁结构，大厅雕双凤、牡丹等精美图案，建筑宏伟。”“端义堂”是地道的中国式建筑，也是典型的中国叫法，内中陈列着只有中国、只有江南、只有南浔才出产的辑里丝。在与西洋门楼相邻的一座青房子里，演义着完全纯正的中国往事。青房子在会馆南隔壁，门楣上砖雕的“轩辕祠”三字，不太起眼，内塑轩辕氏与其妻嫘祖。旧时农历四月十五日，丝业界同仁在“端义堂”集会，共祭蚕神，祈福蚕事，名“蚕王会”。

神话传说中，轩辕黄帝的妻子嫘祖善治蚕丝，北周以后被尊为蚕神，成为一项中国工艺的象征符号。蚕王会那天，从“轩辕祠”里飘出的缕缕香烟，萦绕在西洋门楼上，经久不散。

墨 香

书香人家指读书世家，大概是没有疑义的。这里的书香，不只是因为书多，而是强调一种特殊的氛围。一般的耕读之家，书再多也多不过藏书家。藏书家拥有相当的资财，也爱书，爱的程度与学问家相长，有过之而无不及。这里也洋溢着一种氛围，而且，真正因为书多，墨香盈充庭院。从纯粹的意义上说，藏书家不也是“书香人家”吗？

溪上人家万卷藏

南浔是个富镇，自古文风鼎盛，所谓“书声与机杼声往往夜分相续”是很写实的，这样的地方，出个把藏书家当在情理之中，但令人称奇的是，小镇的藏书成了大气候，在亭台阁榭之间转悠，一不小心就会发现一座藏书楼，整个小镇都弥漫着书香。

“眠琴山馆”是刘桐（1759～1803年）的藏书处。刘桐，字舜挥，号疏雨，例贡生，雄于资而好聚书，汪曰桢说他“好交游善谈艺，锐志聚书，积至十余万卷。凡宋椠及精写本，不惜兼金罗致。插架之富，自天一阁、瓶花斋外，莫之及也。”当是时，里中如杨凤苞、施国祁、祁典、范锴诸人，名擅才识，然皆苦贫无书，大半依靠刘桐藏书，始得考订著述。其施及后进，流风未艾。

蒋汝藻（1875～1954年），字孟蘋，号乐庵，光绪举人。辛亥光复后，出任浙江军政府盐政局长，任浙江铁路公司董事，是个实业家。蒋家是湖州的藏书世家。祖父蒋维培藏书数万卷，且多精本，于乡里先辈著作搜罗尤夥，其藏书之所曰“俪瀛馆”。叔祖父蒋维基嗜书一如乃兄，建有“求有斋”，聚书万卷。父亲蒋锡绅继承父辈藏书世业，增扩藏书，名其居处为“传书堂”。至汝藻，有所扩展，编《传书堂书目》，有宋本83种，元本102种，明本863种。其中宋刊孤本《草窗韵语》一册六卷，以1500银元高价购入，引为“镇库之宝”，遂以该书作者（周密）与书名各一字额其书斋，将“传书堂”改为“密韵楼”。王国维赞蒋氏藏书：今有孟蘋，然则蒋氏三世之精神风尚，虽传至百世可也。

张钧衡（1871～1927年），字石铭，光绪甲午举人，祖父张颂贤经营丝业大富，为南浔“四象”之一。父张宝庆早逝，钧衡承袭祖业，在沪开办慎大钱庄和东南信托公司，同时经营房地产、标金、股票、公债等业务，家底逐渐殷实。除金石碑刻书画外，石铭喜收古籍，聚书达十余万卷，在“适园”内建“六宜阁”，专门收藏所好。子乃熊（1891～1942年），字芹伯，进一步扩大了父亲的收藏，据《芹圃藏书志》，有宋本50余种，尚有著名藏书家黄荛圃题跋之书一百余种。

中外闻名的嘉业堂藏书楼主刘承干（1881～1963年），字贞一，号翰怡，前清秀才。父刘锦藻，清朝进士，编有《续皇朝文献通考》。伯父刘安澜，无子嗣，将承干继为长房。祖父刘镛，学徒出身，经营湖丝成富商，是南浔“四象”之一。1899年，刘镛去世，承干继承祖业，顿成豪富，本人也是上海滩著名的大地产商。

辛亥革命爆发，四方衣冠旧族亡命上海，大量散卖收藏的古籍，刘承干博收广取，数年间，购进几十家藏书家所散之书，如甬东卢氏《抱经楼》、独山莫氏《影山草堂》、仁和朱氏《结一庐》、丰顺丁氏《持静斋》、太仓缪氏《东仓书库》等，“几有海涵万家”之势了。刘自称，收购历时20年，费银30万元，得书60万卷，共18万册。在全盛时期的1925～1932年之间，珍本善本有宋元刊本200种，明刊本2000种，清刻本5000种，地方文献1200余种，丛书220余种，抄本2000种，其他1200余种。曾在嘉业堂任编目主任的华东师大周子美教授认为，刘承干是“中国近代史上私家藏书最多，花费精力、金钱最多的一个，远远超过清代著名四大藏书家(按:四大藏书家为聊城杨氏“海源阁”、常熟瞿氏“铁琴铜剑楼”、湖州陆氏“皕宋楼”、杭州丁氏“八千卷楼”)，以及湖州地区其他藏书家。称其为清代以来私人藏书之巨擘，毫不过分。”

中外闻名的嘉业堂藏书楼主刘承干

嘉业藏书楼是一座呈“口”字型的回廊式建筑

书香与铜臭相对待，按一般人的逻辑，商贾与书籍应该说是无缘的。腰缠万贯的南浔商人却对书籍情有独钟，有些匪夷所思。刘承干先生的藏书有很具体的原因。1910年，他在金陵参观南洋劝业会，偷闲逛转状元坊书肆，想起生父刘锦藻正在编纂《续皇朝文献通考》，继父刘安澜生前倾心的《国朝诗萃》亦未杀青，便买了几本带回寓所，不想，“越日书贾携书来售者踵至，自是即有志藏书。”

倘若溯求其他藏书家的藏书缘起，恐怕大多说不清，事情本来就是这样。贾而好儒，史学家称之为“儒商”，历史上多的是，形成中国文化的一个传统；个体人云亦云，你仿我效，成为集体无意识。

儒商一旦与书结缘，沉潜书海，久被书香薰染，虽不着儒衫，亦翩翩有士子之风。在一张刘承干先生的60寿辰（1941年）请帖上，印着这样的文字：朋旧亲姻有所见贶，概不敢受，如有宠以文字者，虽重违勤厚之盛意，亦未敢劳驾写屏轴，俟定制诗笺，再行奉求，谨当汇装册叶，传之子孙，永矢勿谖，属于干戈饥馑，未忍铺张，宾诞为一日娱，敬将宴资五千元移助善举，戒杀澹灾，藉为亲友造福，是日敬谢。①

一位资本家，寿诞之日，不事张扬，将宴资五千移助善举，不受财礼，惟求文字；雅士

① 沈嘉允：《君子之风》，《南浔通讯》1996年5月29日。

云集，水酒小酌，作诗吟联，翰墨飘香，尽显儒商本色。

藏书家的志向不在学问，他们热衷于书籍的数量和版本，南浔藏书家也在这些方面津津乐道，穷其心志，弄到最后，他们也成了行家——版本目录学家和金石书画鉴赏家。张石铭将其“六宜阁”藏书编成《适园善本藏书志》16卷。王国维先生曾于1919年9月应蒋汝藻之聘，撰写《密韵楼藏书志》，当他1934年5月离开密韵楼北上时，已完成《密韵楼藏书志》的经、史、子三部和修至元末集部的撰写工作。嘉业堂的宋开庆（1259年）110卷本《鹤山先生大全集》、宋淳熙戊戌（1178年）《窦氏联珠集》也都是世所称羡的海内孤本和珍本。嘉业堂最值得说道的是名人稿本和抄校本。据称，刘承干花费“殆近两万金”，雇人在北京国史馆内抄回《清实录》和《清史列传》。《清实录》是清代官修的编年体史料长编，当时全国仅有一部正本保存在北京故宫，嘉业堂抄本成为国内罕见的副本。《清史列传》是定本《清史稿》的底稿，其中的二千余篇传记未被赵尔巽的《清史稿》收录，因此具有很高的史料价值。

1920年，为藏书计，刘承干“靡金二十万，据地二十亩”，在南栅鹧鸪溪畔构筑藏书楼，1924年落成，溥仪题赠“钦若嘉业”九龙金匾，嘉业堂以此而得名。10年前，刘承干曾为光绪崇陵捐款植树，而得此赏赐，此时早已物是人非。书楼是一座呈“口”字形的回廊式建筑，主楼是厅堂式的两层楼房，上下库房共52间，底楼正厅称“嘉业厅”，悬“钦若嘉业”匾，两侧置“宋四史斋”和“诗萃室”，楼上正厅称“希古楼”，由溥仪赏赐的匾额“抗心希古”衍成。两侧置“求恕室”和“黎光阁”。楼中有一天井，300多平方米，地面铺以平整石板，可供晒书。楼之东偏有三进平房，前有厅事，名“抗昔居”，供款待客人，储藏书板及编校人员栖息。这楼上楼下数百处门、窗、栏的雕镌，

溥仪题赠“钦若嘉业”九龙金匾

刻书房里是一排排蛛网密布的高大木架，架子上是一摞又一摞大小相同的木板

据说出自南浔雕花世家王如财父子之手。

书楼前有一园，约占总面积的十分之六，园中有水池，池中筑岛，岛上建六角亭，名曰“明瑟”，岛一端有平桥与池岸相连，一端是曲桥，桥畔植紫藤。池岸建二亭，左名“浇碧”，右名“障红”，与岛上的明瑟亭相映衬。池边以湖石叠成峰峦，有直立、横卧，姿态各异（如十二生肖形）。水池南有一石，石上有小孔，吹之声如虎啸，清学者阮元题“啸石”二字。池东北筑假山，山上有平台。池北有花坛，淡竹数丛，间插石笋，松柏衬托立峰，湖石缀属金桂。

不只是嘉业堂，南浔的藏书家大都建有堂皇的书楼。多多少少，他们都懂得中国藏书文化中的“爱物”精神。但书是一种特殊之物，它的生命在于流通，在于书与人的沟通，“爱物”的最高境界是“仁人”，所谓“仁人”，使所藏之书尽量发挥其化育人才的社会功能。“仁人”对于藏书家来说尤为难得。近代维新思想家郑观应曾作《藏书》，批评一些藏书家：“子孙未必能读，戚友无由借观，或鼠啮蠹蚀，厄于水火，则私而不公也。”既是私家之藏，花费了主人无数的财力、人力和心力，谁还能要求他具备公而忘私之心？刘承干先生可谓深得中国藏书文化精神的精髓，具有相当气魄和胸襟的“公心”。他不但藏书，还大量刻印书籍，所刻之书，内容十分广泛：《嘉业堂丛书》汇聚南朝萧齐以后罕传之撰述，《吴兴丛书》搜罗乡邦文献，《求恕斋丛书》撮录近时人著述经学、国故、稗史、年谱、地理、文艺之属，《留余草堂丛书》选择先儒性理格言诸编。当时许多著名学者如吴昌硕、王国维、郑孝胥、张元济、罗振玉、缪荃孙、叶昌炽等人都为之作过贡献。所刻印的古籍中，有不少曾被清政府列为禁书，如明代番禺屈大均的《安龙逸史》《翁山文外》，华亭蔡显的《闲渔闲闲录》等等。凡刻印的书，刘承干都有题跋。

刘承干刻书，不为营利，刻印成书，就四处送人，凡国内著名的图书馆、学者、名流来函索讨，无不悉数奉寄。同时，嘉业堂与国内其他公私藏书家和出版机构也保持着密切的往来，商务印书馆刊印百衲本二十四史时，张元济曾向刘承干借过《旧五代史》等书，并借宋版《汉丞相诸葛忠武侯传》《窦氏联珠集》《鹤山先生大全集》，刊入《四部丛刊》中。藏书楼制度严格，一般人不得其门而入，自然也想象不出刻书工的生活。在20世纪70年代特殊的岁月里，一位将军的女儿来到小镇“开门办学”，无意间闯进了刻书房：

里面是一排排蛛网密布的高大木架，架子上是一摞又一摞大小相同的木板，木板上满是尘土，但木板的质地却十分坚硬，手指叩上去竟然铿锵有声。每一块板都有书本大小，仔细看，上面刻满了奇怪的文字。我是第一次见这样的东西，琢磨了半天才猜出这是些印书的木板。上面奇怪的文字实际上是雕上去的反的汉字。木板密密层层，从地板摞到天花板，大概总有上千块。一时间我知道自己看到了很不寻常的东西，虽然我不知道是谁制造或者收藏了它们，它们在现代印刷术大行其道的时代还会有什么用，但是我被它们的数量和它们传递出来的一种悠远神秘的气息震慑住了。[①]

历史的定数

藏书家藏书不易，藏而能守，更为不易。黄宗羲在《天一阁藏书记》中叹息：“读书难，藏书尤难，藏之久而不散，则难之难矣。”藏书文化研究家发现：在历史上，私家藏书，往往抵御不了家国变故或者自然灾害而造成的图书损毁或散佚，几乎成了历史的必然。

蒋氏“求是斋”先在清咸丰年间“大半煨烬战乱”。后经几代扩增，成“密韵楼”，至20世纪20年代，蒋汝藻事业受挫，藏书先后散出，大部分归上海商务印书馆的涵芬楼。1932年“一·二八”事变，日军攻打上海，闸北遭

① 罗点点：《游园》，《南浔通讯》2003年9月11日。

敌机轰炸，密韵楼售于涵芬楼的旧藏除200多部善本已事先转移外，其余的也在同一天付之一炬。眠琴山馆馆主刘桐去世后，因儿子尚幼“竟为戚族鼠窃鲸吞，不数月，尽归乌有”（汪志）。曾课诵刘家的张鉴感叹不已：“眠琴书馆藏书十余万卷，旋亦烟沉星散”；“书之聚散，古人以比云烟过眼，本无足异。然聚书之速，散之尤速，未有过我友疏雨（刘桐）者。”

嘉业堂藏书也未能逃脱历史的定数。

1933年后，刘氏家道中落，藏书散出。抗战之前，宋刊《史记》《汉书》《后汉书》《三国志》和宋刊珍本《鹤山先生大全集》《窦氏联珠集》售予宝礼堂潘明训；《永乐大典》未毁前，徐松辑出的《宋会要》稿本，售与当时国立北平图书馆；手抄全部《明实录》售于中央研究院；残本《永乐大典》44册，以四万三千元，经日本人牧次郎之手，被卖到满铁图书馆。

嗜书如命的刘承干如何肯将、又如何能将这批“国宝”卖给日本人呢？《文献》从2000年第4期起分三期刊载了刘承干与满铁图书馆交易书籍的信函。研读过这些信函的张廷银先生撰文介绍：

刘承干的藏书早就被日本人所觊觎，在当时中国的政治实力和经济实力空前弱小的情况下，他也只好首先考虑卖书给日本人。而就在这笔交易过程中，刘承干所倚重的清朝遗老罗振玉、王季烈等人和与刘承干有来往、为日本买书牵线的日本汉学家桥川时友、松崎鹤雄，日本侵略军头子松井大将、牧次郎少将，以及大汉奸汪精卫、梁鸿志等，纷纷染指其中，带着不同的心思，来为刘承干的这批书寻找“下落”，进行暗地的和公开的争夺。从书简中可以看到，罗振玉们不愿让老朋友吃亏但又不想得罪日本人，甚至还梦想借助日本人的力量夺回他们失去的某些利益；松崎鹤雄们当然希望为日本得到宝贵的文化财产，但又碍于当年刘承干所给予的盛情款待；松井大将和牧次郎少将受某些日本人之托，“保护”刘承干的嘉业堂，但侵略本心使他们最喜欢担任监守自盗的角色；汪精卫、梁鸿志们不敢冒犯日本人，又急欲笼络遗民、名流们。面对各色人等，刘承干陷入了空前的思想斗争中：他不愿和不敢得罪参与买卖书籍的各方人士，但他也不愿眼看着自己在经受了失去藏书的痛苦之后，再遭受经济上的惨重损失。与此同时，由郑振铎、张咏霓等进步人士组成的文献保护组织，也在千方百计地说服刘承干，希望他将珍贵的藏书售于国家。刘承干对中国当时的各方政治

嘉业堂成了浙江图书馆的一部分

力量，几乎都不肯绝对相信，但也不肯轻易承担弃国向敌的千古罪名。这使得他售书要考虑的因素又增加了一层。由此导致的售书过程的复杂性与曲折性，自然可以想见。……在我们所看到的这批信件中，刘承干在卖不卖、卖给谁、多少价钱以及由谁来做中介等问题上，展开了反复的思考，与王季烈、罗振玉等人进行了一次又一次的商议，其间有交叉，有重叠，还有反复。[①]

从这批信函中，我们没有看到售书的最终结果。从现在大连图书馆存有嘉业堂的藏书及苏联红军1945年从满铁大连图书馆接收了40多册《永乐大典》来看，当年刘承干肯定向日本人卖了书，但最后是怎么卖的，一共卖了多少，目前还没有找到明确的文字记载。

上个世纪30年代，南浔沦陷后，日本在镇上横冲直撞，无恶不作，但据说经过嘉业堂时，日军却绕道而过，甚至鞠躬如仪。为什么？传说有些传奇。一种说法是，因为嘉业堂全盛

① 张廷银：《藏书研究——应注意图书聚散中的文化展示》，《光明日报》2003年5月3日。

时，慷慨的刘承干对国内外爱书者有求必应，日本的松崎鹤雄受惠不少。日军至南浔后，松崎关照当时任杭嘉湖地区日军司令官的牧次郎少将保护嘉业堂；刘承干积德了。另一种说法，日军在嘉业堂看到溥仪题赐的九龙御匾，以为刘家来头不小，未能轻易动手破坏。刘承干《求恕斋日记》对此也有记述：当时，曾有松崎鹤雄，“通中文，昔在大连曾与往还者，函致上海派遣军总司令松井（渠为妻舅）嘱为保护，由松井派牧次郎（杭嘉湖司令官）到南浔出示保护，并见今上御匾，行立鞠躬，颇客气。”由此可见，上述两种说法都不是空穴来风，只不过有些断章取义、移花接木之嫌。许寅先生《嘉业藏书楼的过去和现在》也有一种分析：刘承干深知日本人收书习惯，好全部而恶残本，因此战火一起，他便托人到南浔，一面将大量珍本送到上海租界家宅，一面从无法运出的整部书籍中，抽走第一册，隐藏在私宅天花板内，这样，等到日寇占领南浔，曾几次派人前来察看，却认为珍贵者不多，所以未曾下手。王若先生在2003年12月5日《文汇读书周报》上发表的《嘉业堂未毁之谜》，通过研究原满铁大连图书馆馆长柿沼介1938年的《多余的话》和馆员大谷武男的回忆，发现：所谓日本人对嘉业堂的保护，实则是一个文化侵略的大阴谋，而松崎鹤雄也是担负着“特殊使命”才来到中国的。作为满铁的特约人员，他通过对汉学和中国古籍的研究，掌握了中国社会的奥秘，担任日本主要侵华情报机构满铁大连图书馆的顾问，曾为搜掠中国珍籍四处奔跑。日军占领嘉兴后，便开始策划掠夺嘉业堂的阴谋。柿沼介的《多余的话》透露：“日军在杭州湾登陆后，驻守嘉兴地区的守备队长是居住在大连的松崎柔甫的义弟牧二郎少将，当时松崎给牧少将打电报，请他将管辖下的南浔刘氏藏书控制在手，并找机会调集出来。牧少将和武男为保护书库不受损，命令南浔驻地士兵严加防范，防止中国人掠夺，以便完好地将嘉业堂秘籍运往大连图书馆收藏。”所谓“防止中国人掠夺”云云，简直就是贼喊捉贼。那么后来是什么原因，使松崎的阴谋未能得逞呢？根据大谷武男回忆：1940年大连图书馆“满铁干部”企图接收浙江南浔嘉业堂藏书的计划，因华东政府的反对而中止。这时的“接收”，即没收，是当时日本侵华期间抢掠中国物资的专门词汇；而“满铁干部”就是现在还为许多不明真相的中国人感激的松崎们。——这就是嘉业堂未毁的谜底；细细研读《文献》所披露的信函，可以看出整个事件的原原本本。

1949年4月，解放大军渡江后，江南解放在即。远在北平的周恩来同志想到嘉业藏书楼，电令保护。嘉兴县委立即调遣武装，前往南浔。30年后沈如琮回忆了惊心动魄的一幕：南浔附近的匪特不甘心失败，在部队进驻后，仍然企图伺机疯狂破坏。就在第一连进驻小莲庄的第三天下午，文书沈向荣同志（中共党员，崇明人）在藏书楼通往市街的西华家弄弄口，突遭两个土匪袭击。他们先是抢夺沈向荣的枪，夺枪不成，即向沈连开数枪，沈向荣同志当场牺牲。连队闻讯，立即追捕两匪，在当地农会干部（其中有一女同志）群众协助下，两匪当天即被捕获，押送至嘉兴独立营营部，由营长刘先正同志审讯后，报经上级批准处决。在审讯中得知两匪系国民党潜伏下来的马文龙部残匪。烈士洒血卫典籍，嘉业堂被完好地保护下来了。

嘉业堂受到人民政府的重视和保护，让刘承干感慨万千，1951年，他致函浙江图书馆“愿将书楼与四周空地，并藏书书板连同各项设备等，悉以捐献与贵馆，永久保存。”其时的心情，从下面一段文字中亦可见一斑：承干平生致力文化，搜罗典籍，在故乡南浔建立嘉业藏书楼，庋书十余万册，以供专门学者参考研究。会遭倭寇肆虐，遂致停顿，藏书亦散失一部分。承干以年老仍羁处沪渎，抗战胜利后，迄未加以检校，今幸人民政府注重文物，蒙派贵馆整理代管，承干平生心事将幸有托，书物亦将归得其所，曷胜欣抃。

汤福璋，一位将生命和嘉业堂连在一起的人

嘉业堂成了浙江图书馆的一部分，浙江图书馆派来了一位图书管理员叫汤福璋。据说，汤福璋性情孤僻，有时甚至有些暴躁，但是只要面对这些线装古书，闻着那奇异的书香，他就会心静如水。这是一位将生命和嘉业堂连在一起的人。“文化大革命”中，就是他机智地保护了嘉业堂。著名作家赵丽宏先生以生动的文字记述了这一段轶闻：

“文化大革命”一开始，汤福璋的这种平静就消失了。当时，想躲避“破四旧”的风暴简直不可能。从北方来的红卫兵挥着铜头皮带，一批又一批在南浔镇上横冲直撞，南浔镇上也有了红卫兵和造反队。嘉业藏书楼虽然不在最热闹的街道上，但离镇上也是近在咫尺。风声鹤唳，危机四伏，他甚至感觉到了暴徒们步步逼近的脚步声。他听说了，外面到处都在烧书，无数古旧书籍被扔进了熊熊烈火，化为飞扬的灰烬……

别看汤福璋平时脾气急躁，他却是个临危不乱的人。他知道，要保住藏书楼，就必须先把这里的一切显山露水的装饰统统隐蔽起来。他用石灰和黄泥搅拌成厚厚的糊状，搬来长长的竹梯，趁朦胧夜色，爬上门楼，用石灰泥涂没了石匾上镂刻的“嘉业藏书楼”几个字，然后又用红笔写上当时流行的语录。接着，他们全家人一起费了好大的劲，卸下了挂在中厅里的环龙匾，隐藏到一个不为人注意的角落里。匾上清朝末代皇帝手书的那“钦若嘉业”四个大字，足以招来无旧不破的红卫兵和造反队。他知道，这匾，也是文物，要保护好。只是那楼上楼下五十多间房间里的古书，他是无法藏匿了。只能用铁锁一间间把书房锁起来，再贴上封条。余下的事情，就是守住这藏书楼，不让外来者逾越一步。他紧紧地关上了藏书楼的大门，里外都加上了锁，一家四口，自我禁闭在藏书楼里，不出院子一步。汤福璋想好了，只要他还活着一天，他就要让这个藏书楼完好无损地在南浔存在一天，如果谁想来破坏藏书楼，他宁可拼上一条命。

那些日子，汤福璋真是惶惶不可终日。以自己瘦弱的身子，根本不可能抵挡前来侵犯的暴徒。他不信神，可这时却禁不住暗暗祈求神灵的护佑，可是这神灵究竟在哪里呢？他不知道。晚上，他常常被可怕的恶梦惊醒，梦中有火，火光冲天，火中被焚烧的是书，书的灰烬如黑色鸦群漫天翔舞，藏书楼在火海中轰然倒塌……

从梦中惊醒，汤福璋总是要起床，打着手电筒在藏书楼上上下下巡视一番。有时候，他忍不住打开书房的门，“诗萃室”，“宋四史斋”，“嘉业厅”……一间一间地谛察，看看书柜里的古书是否安然无恙。[①]

① 赵丽宏：《不绝的书香》，《南浔通讯》1993年11月28日。

坊间人家

一个地方出了几个名人，『人杰地灵』是个通常的表达。这样的人地关系是深究不得的。名人中的绝大多数其实并没有多少时光生活在那方土地上，对于他们来说，方圆数里的社群实在施展不开，社群之外的五湖四海才是他们活动的舞台。纵横于广阔天地的人大都在宏观的政治经济史中留下了几笔，社群史稿除了照抄不误之外，也特别留意名人与地方关系密切的事件，可是找来找去，似乎没有几条可以搬得上台面的史料，只好声明那是轶事，以示严肃。名人如此，更无论凡夫俗子了。事实上，就一个社群来说，无非就是柴米油盐、讨价还价、走亲访友、婆婆妈妈、岁时令日、婚丧庆吊……它们在南浔旧坊之间循环不息，历经数百年，铸就了小镇人的脾性和独特的生活方式，人类学把它称之为文化。

枕河人家

1957年12月30日《人民日报》在第1版醒目位置，推出报道《万人大镇无苍蝇》称，浙江吴兴县南浔镇经过两年努力，现在已经成为“无蝇镇”。

1950年代：“无蝇”小镇

《人民日报》的报道转载自1957年12月27日的《浙江日报》：

吴兴县南浔镇有一万三千多人口，三千四百多户居民绝大部分是从事工业、手工业和商业的。镇上人口的流动性很大，每天可以看到熙熙攘攘地来自四面八方的农民和商贩。但是干部和群众克服各种困难，创造了“无蝇镇”奇迹。

南浔镇从1956年3月根据中共吴兴县委和吴兴县人民委员会的决定开始“无蝇”镇的实验工作。到今年6月份普查结果，镇内正式划为实验区的几个居民选区，无蝇户已达到99%以上。非实验区的无蝇户也达到95%，镇中心已经可以不挂蚊帐睡觉。两年来由于开展了爱国卫生运动和除害工作，已显著改变了全镇居民的健康状况，据南浔镇卫生所统计，去年全镇患与蚊蝇有关的传染病例的门诊病人占门诊总数的百分之十七点四强；而今年1至10月份已降低至百分之四弱。由于开展了群众性的爱国卫生运动和宣传教育，更显著地改变了群众的卫生习惯，形成了“人人讲清洁，家家爱卫生”的良好风气。

诗人徐迟得知家乡南浔成了“无蝇镇”，“喜欢极了”，欣然赋诗刊登在第二天的《人民日报》“大地”副刊上：

我仿佛刚刚沐浴归来，
感到轻快、舒适、振奋，
散发轻微的胰子香，
身体干净透明，像塑料制成。

我仿佛感到我生活在

我多窗的光亮的屋子里，
收拾得一尘不染，
工作得有条有理。

窗外是整齐的庭院街坊，
白杨的叶子闪闪，河水洁白，
阳光普照在小镇上，
镇人光亮、欢乐、活泼。

覆盖它好比白雪一层，
洗净它好比春雨一阵，
是新社会里的文化卫生，
啊，我的家乡，无蝇小镇。

为了准确了解当地群众性爱国卫生工作，撰写报道的张金庄曾在南浔17天，特别关注一些公共场所的卫生状况。

南浔是著名的江南水乡，镇内河道纵横，河道旁有许多茶馆、集市。每天凌晨，这些地方就人声嘈杂，熙熙攘攘，是卫生工作的难点。张金庄到达南浔的时候，已是11月中旬，天气开始转冷，即使有苍蝇也很难看到，因此，他们专门在比较温暖的地方寻找。有一天上午，在一家河边茶馆里发现几只苍蝇，在茶桌上、人群中飞来飞去。这是怎么一回事呢？当场访问茶馆主人和正在吃早茶的人们。他们说：这些苍蝇都是随村里赶集的小船带进来

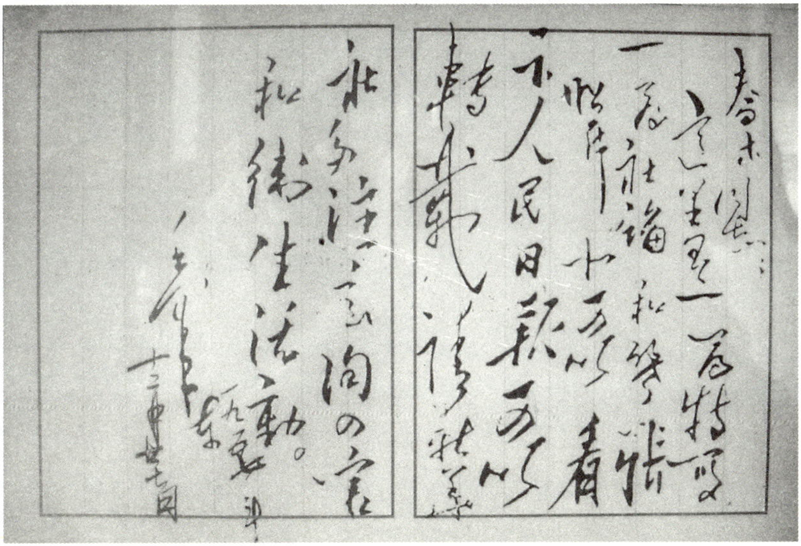

1957年12月27日，毛泽东看到《浙江日报》的报道，立即致信胡乔木

人类对生存环境的残酷征服始于工业革命

的。特地到停泊在河边的小船上去察看，果然还有一些苍蝇在飞来飞去。由此看来，城镇和农村的紧密联系，除四害、讲卫生工作十分艰巨。当地卫生积极分子介绍，为了防止孑孓孳生，他们曾试养过多种小鱼，发现有一种生长在稻田里的当地称为“念佛婆婆”的小鱼（又叫中华斗鱼)，因皮肤粗糙，连猫也不要吃，却很会吃水中的孑孓，因此很多人家去捉来养在水缸里。这是当地居民的一种创造，很新鲜。但这时天气已经转凉，水缸中的“念佛婆婆”已很难见到。张金庄表示最好能亲眼见到，“眼见为实”。最后果然有人从田沟里捉来了。当然，鱼吃孑孓的场面是见不到了，但很多人证明，夏天他们家里都养过的。

新时代出现新气象，有新闻性，经《人民日报》一宣传，南浔又一次名扬全国。一般镇人可能想不到，这件事跟毛泽东同志当时的兴奋点有关。1956年，毛泽东亲自主持制定《全国农业发展纲要》四十条，其中一条：要在全国农村除“四害”。“四害”是个新提法，什么是“四害”？专家的意见就不一致。一开始说四害是：苍蝇、蚊子、麻雀和老鼠。著名生物学家朱冼认为，麻雀怎么能说是害虫呢，麻雀既吃粮食，也食害虫。麻雀吃粮食是季节性的，吃害虫是长年的。解剖也证明，麻雀所吃的害虫，要多于粮食。因此不应把麻雀列入“四害”。科学的问题好解决，麻雀不算“害虫”，补上臭虫，或蟑螂。但能不能真正消灭“四害”呢？连卫生部都没有信心。毛泽东生气：“卫生部不卫生。”

1957年12月27日，毛泽东正在杭州，看到当天《浙江日报》关于南浔除四害的报道，立即致信胡乔木：

乔木同志：

这里有一篇报道，一篇特写，一篇社论和几张照片，可以看一下。人民日报似可转载。请告新华社注意报道除四害和卫生运动。

毛泽东　十二月廿七日

所谓“一篇报道”指的是《人人动手家家扑打，一年四季坚持不懈，吴兴南浔已成“无蝇镇”》、特写《王阿金老太太积极除四害》、社论《除尽四害》。12月30日《人民日报》转载了这些报道、特写、社论和其中的一张照片。看到关于南浔的报道，毛泽东很高兴，他认为，消灭苍蝇已经有了一个样子，如果再抓一个消灭蚊子的典型，“除四害”的说服力就强了。据说，就在那时，杭州市委的领导同志向毛主席汇报，杭州市上城区小营巷居民区基本上消灭了蚊子，居民们晚上睡觉可以不用挂蚊帐了，这使毛主席更加高兴。[1]

1958年1月5日下午，毛主席视察了小营巷。

于是，在那场新生活运动中，湖州有个无蝇镇，杭州有个“无蚊区”，都在浙江。

1960年代：工业社会到来之后

楼晓出生于19世纪60年代初，住在镇西栅，他回忆说，60年代前，镇民们都在河里淘米洗菜，因为一时河埠头闹轧，1965年初夏，附近居民便新挖掘了一条小河，将原有的两条水流贯通起来，楼晓的家门口便也有了一条河。

从60年代末，到80年代初，伴随着楼晓的成长，河水也在不知不觉地变了：

（上小学时），上学之前和放学以后常常帮着家里做些家务，到小河里去淘米洗菜洗碗便是常事。初夏时分，河水渐渐地退去了寒意，我把裤脚卷得老高老高的，肩上搭一条毛巾，顺着石级走到水没膝盖处，这样，一来可以直着身子洗东西，不感到吃力；二来也好腾出些空地方让等在岸上的老妈子们有个地方洗。站在退尽了寒意的河水中是很惬意的，一些小鱼儿会游到你的身边来觅食，用它的小嘴儿啄你的腿肚子，弄得你痒痒的。每当这个时候，我就会放下手中的活，把搭在肩上的毛巾取下来，两手握住毛巾的两头，形似一张小小的网兜，动作极小心地捕起鱼来，旁边的人有时也会帮着把鱼往毛巾兜里赶。捕到几条小鱼儿，便用大一点碗养起来，极小心地端回家去。

这是60年代末的河水；到70年代初：

忽然有一天觉得这小河里的水不怎么的干净了，虽然还时常到小河里去洗菜洗衣服什么的，但已经很少到河里去汲水了。下午回家放学后要做的第一件事，便是挑一副可装百来斤的木桶，到离家一二里地外的大河里去挑水。

到了楼晓已经能够挑满满一担水走一二里路不用歇脚的年龄，镇上建起了一座自来水厂，这应该是70年代末了：

白花花的水从管子里“哗哗”地流出来，干净极了，人们可高兴了，个个的脸

① 张金庄：《从南浔到小营巷》，《南浔通讯》1999年9月15日。

上都挂着笑，相互议论着，不用再到小河里去洗东西了、再到远处去挑水了，河里的水是没有消过毒的，有许多的细菌，很不卫生的，“上海人老早就吃自来水了，漂白粉的味道很重的。”打这以后，人们开始将家门前的小河遗忘了。当家家户户装了自来水以后，小河便成了下水道的汇集处。终于有一天小河发臭了。[1]

这一天已经属于80年代！一条清水河变成了臭水沟！一晃又是20年；今天，当楼晓将几个生活片断简单连缀起来时，惊讶地发现这一序列竟构成一段历史。但它不是一段自然现象史，而是一段人文思想史。专注于这一变化过程，变化的起点特别地令人揪心。

人类对生存环境的残酷征服始于工业革命，从那以后，物质财富的积累与生存环境的污染相背而行。这样的变化，在传统的族群，如中国，要到19世纪末20世纪初才渐渐发生。南浔的发达由辑里丝造就而成，辑里丝的生命源于南浔荡漾之水，但同时，南浔的荡漾之水也随辑里丝的成长渐渐蒙上了云翳，这一过程在传统手工业时代并不为人所觉察，而工业化社会伊始，就日渐显露出来。南浔人爱丝、更爱水，民众的呼声让工业家们重视起来。这是1928年7月3日的《申报》登载的一则“地方来信”：

[梅恒裕丝厂改装水管]南浔梅恒裕丝厂，前将污水排入市河，引起地方反对，迭经当地市民呈奉省政府，令县转饬该厂拆卸前河水管，设法改装在案。兹悉该厂业已遵令在厂后空地，开一大池，将污水导入池内，俟沉淀之后，再从池内引入后河，并因半载以来将污水泄入前河，居民大受其害，现愿捐助公益事业四千元，以谢地方云。

上世纪20年代，也许因为人们还没有开发出可以替代自然河水的水源，对自己的霸气多少还有点心虚，也许因为人们长长地蕴藉于“天人合一”的传统氛围里，对怡然自得的生活方式还颇为满足和欣赏，也许因为生活于机器轰鸣中的业主们，耳边还时常有人念叨“子贡货殖，既富且仁”的儒家故实，对自己的行为不得不有所收敛。总之，从20世纪20年代至70年代，南浔社会依然气清水澈。后来的事情，就是上引楼晓的回忆。在追究原因、提出对策之前，每个人必须首先回答一个最本质问题是：我们还要不要活下去？

① 楼晓：《小河，我童年嬉水的地方》，《南浔通讯》2004年2月25日。

大户人家

走在南浔的街巷里，常常可以听到镇人的嘴里冒出一两句怪怪的话：××是只大象！哦，那是一只金墩狗！这是他们形容里中富人的一种特殊表达。晚清，南浔出了一大批以经营蚕丝贸易发家的富人，不知谁开的头，以躯体大小悬殊的几种动物区别和"象征丝商财产之巨细"，所谓"象"、"牛"、"狗"即指此。本来就是齐东野语，说法很多，有的说成"五虎、六羊、八牯牛、七十二焦黄狗"，有的说成"四象、八牛、三十六金狗"，有的说成"四象、八牛、十六条小黄狗"，或者"四象、十六牛、七十二条小黄狗"，还有人把"象"中拥资最多的富户别名为"狮"。这里不存在谁是谁非的问题。现在的南浔人比较接受林黎元先生在《南浔史略》中的名称："四象、八牯牛、七十二墩狗"。

"四象、八牛、七十二墩金狗"

财富是逐年增殖起来的。晚清同治前后，首先发家的几家，百万以上即可称"象"，五十万至一百万者称"牛"，三十万至五十万者喻之为"狗"。随着富户财富的增加，标准提高了：财产在五百万两以上者为"象"，一百万至五百万之间者称"牛"，十万两至一百万两之间为"狗"。清末民初，"四象"巅峰时期，财产差不多在一千万两以上，这样，百万两以上、不足千万的只能是"牛"，介于十万与百万之间的就是"狗"了。

财富的多寡是很私人的事，外人只是根据表相估测估测而已。刘大钧先生在《吴兴农村经济》中就说："各户家财多寡，非局外所能知。巷议街谈，原系得诸风闻，其藉以测断者，厥为各户煊赫之程度，而各户最易争奇斗胜者，唯有修建园林一途而已。然富室资财多寡，使用之途不一，或斥资以购产，或作投机经营，实数若干，非个中人不能道其详。"根据民间的流传，百岁老人周子美先生回忆：自上海开放为通商口岸至太平天国运动这二十多年间，南浔规模较大的丝经行为邢正茂、陈裕昌、顾丰盛、朱宏茂四家，他们是南浔丝业中较早致富者。邢赓星先世八代业丝，开设典当最多，一度为南浔富家之首；陈熙元是有名的丝通事，曾为沪上丝业领袖；顾福昌最早与洋商联系经营蚕丝出口业务；朱兆传也是以丝业起而暴发致富。至同治年间，“四象”变成顾、朱、邱、刘四家。清末民初，镇人心目中的“四象”为刘、顾、张、庞，所谓“刘家的顶子、顾家的房子、张家的银子、庞家的面子。”据民间推测，清末民初“四象”的资财大致是：刘氏二千万两，张氏一千二百万两，庞氏一千万两，顾氏八百万两。①

根据多方资料综合，民国末年的“八牛”指的是邱启昌、梅恒裕、刑正茂、邵森大，陈裕昌、周申昌、张源泰、金嘉记八家丝经行。至其“七十二墩狗”，不过是个概数，形容各行各业众多的富户，无法详考，一般所知，惟孙氏、朱氏、邵氏、林氏等户而已。

从小户到大户

南浔的大户人家几乎都由丝业发家。发家之前，也是再寻常不过的。刘镛，字贯经，祖上是个小铜匠。刘镛14岁时，因为交不起学费而辍学，在蒋元春绵绸庄做学徒。一年下来，听说师傅“岁入仅百千”，辛苦一年，所存几何？刘镛“以为此不足起家”，遂离锦绸店，入邱启昌丝行为伙计，五年尽晓丝业秘诀，“靡洪靡纤，不待提谕，劈见症结。”张家是徽商，初以弹棉花为生，至张颂贤的父亲张维岳时，才在南浔附近开起糕团、酱园等小店面。说到庞家，1847年上海已经开埠多年，庞云镨还在镇上望族（陈）裕昌丝行当学徒，尽得丝业门

“四象”之首的刘镛

① 范希仁：《南浔“四象、八牛”之谚来历考查》，《南浔通讯》1997年3月30日、1997年5月15日。

道。可以这么说，无论是象是牛，从小户到大户，都有过一段艰辛的历练。因为他们成了大户人家，对于其不寻常的资本原始积累过程，南浔坊间总是津津乐道，叙说中不免添油加醋，构拟了另一份历史和文化。

陶春宝口述的刘镛发家史一开始就把主人公的身份搞错了，说是有一日：刘镛挑着铜匠担路过南栅土地堂，发现两个身着红绿衣裳的童子，将几只金元宝扔来扔去地玩。当他转身离开时，两个童子奇怪地往他衫袋里塞东西，没等刘镛缓过神来，童子已经飘然而去，只留下口袋沉甸甸的：原来是只金元宝！当晚，刘镛做了个梦，梦见那个红衣裳童子手里的那只金元宝，突然变了一绞白生丝，接着又变成了无数金元宝。在梦的暗示下，刘镛用那只金元宝做本钱，贩丝发了财，果然赚得了无数金元宝。老人们说，那一红一绿的孩子是财神爷的两个看财童子。

这传说太离谱了，人们只把它当神话看：是刘镛的祖上，而不是刘镛做铜匠；刘家在丝行埭开有店面，不是走街串乡的行商；只有一点是真的：刘镛确是贩丝暴富。须得专门指出的是，刘镛之致富，靠的不是居间转手的小生意，关键是他首先将丝贩运沪上，与洋人直接交易。清道光年间，出口海外的辑里丝是由广东商人在南浔开设的广庄从小丝行收购转运至沪的。丝行埭附近象刘镛“刘恒顺”这样的小丝行很多，每日里零零星星地从丝农手里收丝，再转手给广庄，赚取其中的差价。刘镛如何改变了经营方式，径走洋场的呢？一则传说描述了细节：

有一年春丝上市时节，刘恒顺装了一车丝来到广庄中最大的广茂行，伙计验丝后，准备写票：“刘老板，上海行情走低了，我们也高不了啦，每两7分银。”

“什么？”刘镛吃了一惊：我的收购价就7分1，这一来不是要亏本吗？刘镛不想卖，想换一家，不想广庄各收购行全是统一口径，看起来今年广庄是要杀价压南浔丝行了。“回家！”刘镛一时火起，转身拉起丝车往回走。但收了丝总要卖出去，刘镛做出一个惊人的决定：租船闯一趟上海滩！三天三夜，丝船到达上海。刘镛本来只是想捞回本钱，但丝行报出的收购价码让他大吃一惊：“辑里丝每两售价二两白银！”二两？这差不多是南浔收购价的三倍。刘镛干脆把航船长期包了，这一季春蚕丝，刘恒顺丝行大发了一笔。

谁知上海丝价落差很大，行情变化快。秋丝时节，蚕少丝也少，收购价每两丝一两白银，没想到辛辛苦苦运到上海，售价却只有一两三，除去雇船雇工费，几乎没有赚头，怎么办？刘镛急得团团转：卖掉吧没钱赚；待涨呢不知要等多久，而南浔店中还在继续收购，怕是库房也快放满了。想到此忽然眼前一亮：我何不在上海也租间仓库，囤丝待价而沽？于是马上租了个小仓库，留下一名伙计看守，自己随船回南浔，趁丝价下跌时多多进货。回到南浔，刘镛又找到“邢正茂丝行”，决定合伙在上海设立分行，浔号购丝，申号出丝，浔申直销。但邢家提出：合股的上海丝行必须以“邢正茂丝行”为招牌。

“邢正茂丝行”是个老丝行，开设于前清康熙年间，邢家八代业丝，与刘镛合伙时，老板叫邢赓星（1790～1861年），后来成为“八牛”之首。申号“邢正茂丝行”开设后，镇上大抵都采取了他们的经营方式。比如南浔最早以丝发迹的顾家，上海未开埠前就去了上海，后来，顾福昌在上海四马路开设顾丰盛丝号，后改为顾寿泰丝栈，与南浔顾丰盛丝行相呼应。初创“辑里经”的周家，清乾隆中叶迁居南浔，传至四世以丝开始发迹，其开创者是周昌大、周昌炽和周昌富。1865年，昌炽（1832～1883年）、昌富（1839～1895年）兄弟合资在上海集贤里开设周申昌丝行，并在南浔开设周申昌丝号，“至是始与芸斋公（周昌富）分办合作，南浔积聚，芸斋公主之；上海输售，味六公（周昌炽）主之”，从而形成了南浔收购土丝后，运沪直接售于洋行的外贸通道。

刘邢两家合伙业丝近二十年，邢赓星负责在南浔的邢正茂丝行向小丝行收购辑里丝，刘镛负责在上海的邢正茂丝栈把丝销售给洋行。直到1864年，邢家易名“恒顺丝经行”，刘镛将“邢正茂”改为“刘正茂”，此时“已殖财数十万，号巨富。”感兴趣的人可能要问，两个家族的关系如何？事实上，谁也说不清，邱石麟先生口述的刘镛“事迹”耐人寻味：

很早以前，南浔邢家是当地首富，号称百万。邢家当家的邢赓星和无锡沈百万是结拜兄弟，两家你来我往，十分亲密。这一年正月十二，沈百万的太太带了14岁的独养女儿到南浔来看一年一度的贤圣会。庙会上人潮如涌，沈小姐人小，站在人后一点看不见，急得要哭出来。这时，忽然有人端来一只高脚凳，对沈太太说：“请沈小姐立到凳子上看吧。”沈太太回头一看，是一个身穿竹布长衫的半大后生，生得眉清目秀。后来一打听，原来是从绍兴来的邢家丝行小学徒，名叫刘贯经，17岁。刘贯经就是刘镛，一下子被沈太太相中了做女婿，沈百万哪里肯答应？沈太太劝道：“我们家只有一个独养女儿，嫁给豪富之家，你我百年之后，这家产也要归人家了。嫁给平常人家，我们的家产传给小夫妻，他们不也有百万家产了吗？女儿也不会吃亏。”沈百万一听，有道理。谁知刘贯经却不同意：“谢谢沈老爷一番好意，我爷爷是挑铜匠担的，家里上无片瓦，下无寸土，沈家是百万富翁，实在不敢高攀。”刘贯经的这一番话更坚定了沈家的决心，说明这个刘小倌不贪财色，将来一定有出息。于是，由邢赓星做媒，并出彩礼一千两银，让刘贯经订了亲。

刘贯经学成满师，想自立门户，沈百万先后给了他二十万两银子做本钱，邢赓星让给他双林、塘栖两个市镇丝业庄口（收购生丝的码头），没几年，刘贯经便把二十万两翻了几番，变成八十万两，发了。

上述传说的漏洞太多了：刘镛学徒在邱启昌，不在邢正茂；刘镛当学徒时家已经从上虞迁至南浔。但这个传说极力要告诉人们的是：刘镛发家受到邢家的帮助，所谓“彩礼钱”和“让出庄口”虽说子虚乌有，但如果邢家不愿斥资与刘家合作，也许申号邢正茂一时还出不来。实际上，邢家对刘家的帮助仅此而已，而且两家是双赢的。

张家是仅次于刘家的四象之一。张家暴发的契机是在太平天国时期购买盐引票。晚清盐业由政府统辖，官府给某些受到特许的盐商分配盐引票作为提货凭证，盐商们一年的周转资金和货源都在这引票上。太平天国战乱，社会秩序混乱，盐官逃跑，盐官业失去管制，私盐充斥市场，官盐滞销，引票价格惨跌。张颂贤认定这样的世道不会长久，毅然以低廉的价格吃进杭州最大盐商朱恒源价值10万两银元的引票，并新设张恒源盐号。不久，太平军失败了，盐区重新设官统制，盐价大幅度回升，张家从此暴富。这不是传说，张颂贤的胆识确实过人一筹。为了说明张颂贤的运气，有人还描述了一个细节：当年张颂贤买来大批土石缸，囤堆所有卸开的盐。谁知第二年黄梅天一过，盐全化成卤，世道平静之后，无人问津。一日，豆制品同业会会长找上门：“听说贵店久囤湿盐，不知可有盐卤？”张家伙计答：“不仅有，而且有很多，这店中七石缸内全是上好的盐卤。”同业会会长喜出望外，说：“太好了，我们全部买下。”原来做豆腐必须用盐卤点化，而几年仗打下来，把制卤耽搁了，这一下，张恒源的盐卤卖了个好价钱，连七石缸都作了价。

庞家是南浔的第三只象，在庞云镨（1833～1889年）一代发家。民间传说的庞氏发家史跟太平军关系密切。当年，太平军在江苏吴江的平望设有关卡，检查过往船只。商船稍有不合之处，常被扣押人员，抄没货物。南浔运往上海的丝货必经平望，因为有几起丝船受罚先例，浔商们视之为畏途，庞云镨也曾经被没收。一日庞云镨租了画舫往上海游玩，船至平望关卡，四个太平军见画舫中是白相人，打开藤箱，仅有几套绸衫和两匹绸缎，摸上去柔柔的、滑滑的。看着兵丁们的羡慕神情，庞云镨十分大方："这是蚕丝织成的，喜欢就送给你们吧。"

"我们不可以穿这种衣料的，只有我们丞相才能穿。"

庞云镨何等聪明之人，忙双手一揖："那就请引见你们丞相，在下愿将这小小礼物送与他。"并立刻拿出几两银子分赠他们。

有个士兵进了军帐，一会儿在岸上喊："丞相让你进来。"庞云镨忙把衣服绸料包了上岸，进去见过丞相，双手递上绸缎，丞相果然喜欢。庞云镨又鼓动伶牙俐齿，极力吹捧太平天国、奉承丞相，丞相对他很有好感，居然留他在帐中吃了饭。

庞云镨从上海回转之时，又以回送的名义将一桌美味佳肴抬进军帐，与丞相及他身边的将士一起享用。

一来二去，庞云镨与丞相已经熟稔。深秋初冬之际，他又去看望了丞相，只见军营将士身上穿着破旧单衣，在寒风中冷得发抖，就连丞相也只是一身旧夹衣。庞云镨忍不住问道："丞相，转眼冰雪将至，怎么军营还未分发棉衣？"

"唉，今年冬天看来要挨冻了。"原来太平天国战争节节失利，财政困难，已顾不得发放棉衣了。庞云镨心中一动：机会来了！连忙说："过冬怎能没有棉衣？此事让我来想想办法。"

丞相摇摇头说："我军营这么多人，顾此失彼呀。"

庞家是南浔的第三只象，在庞云镨一代发家

"贵军所需定当尽力，我愿倾其所有，解丞相之忧。"庞云镨说罢便告辞往上海而去。

五天后，庞云镨装来整整三大船棉布回到平望，送于丞相与全体将士制作棉衣。太平军将士高兴极了，丞相也很感激，以贵宾之礼设宴相待。席间，丞相说："庞老板如此厚礼，无以为谢，军中曾缴获大批过路丝商的土丝，不如回赠给你吧。"

庞云镨等的就是这句话，心花怒放而不敢喜形于色，忙谢过丞相。丞相命人带他去看货，只见库房里的丝包堆积如山，丞相居然还拨了个船队给他运丝。庞云镨恐夜长梦多，火速装货，立即启航，连夜开往上海。

上海洋行的优质辑里丝断档已有数年，庞云镨一到上海，即与外国商行洽谈，卖了一个好价钱。这批丝数以万计，一夜之间，庞云镨成了南浔镇上的“四象”之一。

这一段传说的真实性很值得怀疑。至少有一点是附会的：1860年7月，太平军占领平望后，驻守将领为符天燕、霍天福。天燕和天福是一种等级爵位，而丞相作为太平军“官居极品”的最高官阶，既非实际职掌，更不会驻守平望；太平军24位丞相也确实没有符姓和霍姓的。由此，传说中的“丞相”云云纯属捏说，不妨当作一个太平军将领的符号。当然，对于传说是不能顶真的；正因为它经不起推敲，说明传说中的庞家发家过程值得怀疑。单论庞云镨，有无可能接触太平军“丞相”呢？据史实，1861年，太平军进驻南浔，南浔富商多避居上海，庞云镨也奉父命避居沪上，从事丝业。不数月父卒，回南浔料理父丧。庞云镨初与镇上人张氏（张源泰丝行主人）、蒋氏（蒋元春丝行主人）合伙，在丝行埭开设丝行。由此不难看出，庞云镨本来对于太平军是畏惧的，如果说他后来转变了态度，那一定是在为父奔丧回到南浔之后。也许在沪浔之间多次走动，与平望太平军打过一些交道，至于一些具体细节，只能姑妄听之了！

四象之一的顾福昌，人称顾六公公

顾家是南浔的另一只象，最初在镇设个布肆，店主顾福昌（1796～1868年），号春池，在兄弟中排行第六，人称顾六公公。顾六公公生性勤俭，布肆稍有积蓄后，便至邻镇震泽开设布店，兼营蚕丝。浔震相距12华里，他每天起早贪黑，徒步往返两镇之间；后在南浔开设顾丰盛丝行。因为他在上海未开埠前就与洋人有了接触，所以上海口岸甫开，便捷足先登，很快发迹。应该说，顾家发家的原因十分清楚，但民间有一种说法，顾春池是靠假元宝起家的：

有一年清明，一位名叫赵连庆的乡民匆匆跨进店门，神色十分焦急："顾老板，我儿子得了重病，急需银钱撮药，求你帮个忙。"

"连庆，我手头也紧……"

却见赵连庆从衣袋里摸出一块小小的元宝来："顾老板，这是我家祖传金元宝，我把它抵押给你，你借我四百个铜板吧。"顾春池接过金元宝一掂，沉甸甸的，金黄锃亮，不觉疑惑："你既有这只金元宝，为何不到当铺里去当？"

"如果拿到当铺去，至少能当几千吊铜钱，手一松把钱都花了，我以后拿什么去赎？我相信你，才把它押给你，日后我当然是要来赎回的。"

顾春池一想，也不无道理，于是凑了四百个铜板给他，收下金元宝。双方说定两年后回赎。

掂着金元宝，顾春池灵机一动：我何不将金元宝押当几千吊铜钱，来做生意。第二天，顾春池当得铜钱四千吊，很快收购了一批辑里丝。谁知：当铺朝奉找上门来，责问他为什么用假金元宝来骗当。顾春池一惊，意识到自己上了赵连庆的当，可钱已买了丝。事已至此，逼也无用，当铺老板让顾写下详情文约，答应第二年到期一定回赎。承受着巨大压力的顾春池更加勤俭，两年后居然发了。他恪守信用，第三年清明前夕便将元宝赎回了家，并特制了一只木盒子将元宝供奉起来。

清明日一大早，赵连庆领着儿子一起来到了顾氏丝行，一进门就愧疚地低下了头："顾老板，我来赎元宝，那只元宝是假的，原是上代祖宗祭祀用的供品元宝。因儿子病急，出此下策。多亏了你那四百个铜板，救了我儿子一命。"说着，忙命儿子过来跪拜，边说边捧出了四百个铜板来。顾春池一把拉住赵连庆的手，连声道谢："兄弟，这元宝虽是假的，我却靠它发了财啊！"……①

这是一段寓言式的故事，围绕着假元宝展开：元宝本身是假的，但它成了一种媒介，当人们把它当成真的，它就是"真的"，发挥了神奇的作用：让顾家发了财，让赵家救了命，让当铺成了一桩生意。这一看似虚拟的过程背后，却隐藏着现代金融的基本理念。问题是，当这一切在传统社会的某些领域发生时，却与道德发生了联系：赵家被逼，背弃诚信的原则，

① 此节关于刘家、张家、庞家和顾家的发家传说，参见陈永昊、陶水木：《中国近代最大的丝商群体》，浙江人民出版社，2001 年。

是农家；当铺愤恨这种欺诈，却无可奈何，因为它唯利是图；顾家既是受害者，又是受益者，还是侵害者。作为受害者，它是无辜的，所以不但没有让他承担欺诈的后果，反而成了受益人。在这里，故事直指人心，认为所有问题的核心在于：一个人的心是否是诚实的，心清便气正，气正则理明。传说信仰在这里与近代经营之道气脉相通，形成逻辑关联。顾福昌病重时告诫子孙“毋忘先业，总不外勤俭持家”；顾福昌逝世后，美国“领事官命挂半旗”，周庆云为顾福昌作传时很有感慨：“此为外国隆礼；语云：忠信可行行乎？蛮貊信然。”“蛮貊”云云当然可笑，但这里涉及的诚信原则却在近代世界经济沟通过程中经受了考验。

大户的善心

细品大户人家的发家传闻，不难发现里人的一个普遍心态：巷谈时议之间不乏艳羡，却很平和，跟乡人编织地主发家史的通常手法十分不同：着力渲染地主的贪婪、狠毒和阴险的伎俩，地主的行为一般非常的拙劣，他们常常成为下层人捉弄的对象。

事实上，南浔新兴的商业家与传统地主老财在行为方式上确实不同：他们精于聚财，亦乐于输财，因此在社群中赢得了声望，但动因可能是多种多样的。

由“光宗耀祖”而生的“乐善好施”可以说是相当传统的心态，善施的对象只能是可以给他们带来功名的皇室和官府。刘镛善于此道。1854年（咸丰四年）捐国子监典簿，1861年（咸丰十一年）捐蓝翎光禄寺署正；继捐升员外郎，换花翎，以海运劳绩保加四品衔。1890年（光绪十六年），刘镛因捐助浙江棉衣，钦准为祖父母设立牌坊；第二年，捐助顺天、直隶省棉衣，钦准为曾祖父母设坊；1899年光绪钦赐“乐善好施”匾额。

对于类似的义举，里人表现出来的心态是很微妙的。庞云鏳以儿子庞莱臣的名义向清室贡银10万两，作为赈捐豫直灾害报效，由李鸿章奏奖，以秀才之身，受慈禧太后恩赏举人，补博士弟子，授例为刑部江西司郎中，特赏四品京堂。里人说，这是庞家为自己争得的“面子”，庞家买来的官中看不中用，不能凭此发财。后来，庞家和李鸿章关系密切，人们相信，庞家发财一定跟李鸿章有关，甚至还编出许多庞家通过李鸿章巴结淳亲王的故事来。据说李鸿章六十大寿时，庞莱臣来到京城，由五千两银子开道，买通淳亲王的心腹师爷，想面见淳亲王，谁知却自取其辱；具体细节有两个不同的版本，一个版本还给庞莱臣留了点“面子”：

这天庞莱臣拿了李鸿章的信来到淳亲王

府。淳亲王正在睡午觉，庞莱臣就在花厅坐等。这时，有个小太监拿了鸡毛掸到花厅上来掸灰尘，一次，二次，一共掸了三次。实际上掸灰尘是假，要银子是真。庞莱臣不知其中奥妙，一两银子也未给。到下午三点左右，只见一个身材高大的人，穿了一件内衣，一条短裤，赤脚拖鞋，拿一把扇子从花厅上走过，小太监看见也未打招呼。庞莱臣也不知是何人，因此仍坐在那里。那人就是淳亲王。

到得后花厅，淳亲王问师爷："那个庞莱臣为啥还不来？"

"坐在花厅上的人就是！"师爷答。

淳亲王一听火了："这么没礼貌的人怎么能当家！叫他回去算了！"

第二个版本把庞莱臣戏弄了一回：

庞莱臣那天到了淳亲王府，投上帖子，由门口两个二爷领进内厅谒见王爷。一路上二爷关照庞莱臣，这儿有个规矩，买大官要送一升糙米，一升白米。糙米就是金豆子，白米就是大珍珠子。庞莱臣不晓得这个意思，也就完全不放在心上，没当一回事。那个传话的二爷面露出不快的神色。

七王爷正在里边吸鸦片烟，二爷进去通禀之后，出来朝庞莱臣看了一眼就自顾自去了。

剩下庞莱臣一人站在门外，十分尴尬，等了好半晌，才听得里边有动静，突然门帘一掀，出来一个老头，穿着便衣，庞莱臣也弄不清此人是谁，刚迎了上去还未来得及施礼，只听得那人喊了一声："来人，捉拿奸细！"两边廊上拥出清兵，不问三七二十一，把庞莱臣绳捆索绑投入大牢。直到李鸿章听到消息，设法把他保出监牢，他才得以重新回到浙江南浔来养病休息。①

当然，人们相信，庞莱臣后来通过李鸿章肯定巴结上了淳亲王，据说，淳亲王还把溥仪给庞莱臣做了干儿子，如若不信，庞家宜园的正厅还挂着溥仪的照片呢！

在关于"四象"发家的传说中，很少有讥嘲类的，但对庞家争来的"面子"，里人却心存想法，毕竟，官商勾结历来是老百姓所不屑的！

作为一种家族救济形式，刘氏义庄也是一种慈善义举。1909 年，刘镛的三个儿子锦藻、梯青和湖涵禀承父亲遗愿，特将父亲所遗部分田产、房屋（核价银二万五千六百八十五两）捐作族产，创建刘氏义庄。根据所定条规，义

① 朱从亮口述：《末代皇帝庞家借银两》，王福培口述：《庞莱臣发家记》，见眭桂庆：《南浔民间故事》，当代中国出版社，2001 年。

庄财产主要用作：

(1) 励学。对愿入学堂而苦于无力者，准于津贴，并规定不升级者，停止津贴，考绩最优者，津贴不预限；

(2) 养老。贫老无依，年50以上，精力就衰不能自给者，月支米三斗，以后每长十岁，增加一次米钱；

(3) 赈穷。凡贫苦寡妇，每月支米三斗，加钱一千。有子者给至其子成年为止，如子不能养母者，准以继续支给，无子者赡养终身；

(4) 婚嫁。无力婚嫁者，娶妇支银四十千，嫁女支钱三十千；

(5) 丧葬。丧不能举者，支棺殓费二十千，力不能葬者，三年内支钱十六千；

(6) 慈幼。生活贫乏者，生男一岁至四岁，月给糕饼钱三百文，五岁至十岁，月支米一斗，十一岁至十六岁，月支米二斗，女孩照给至出嫁之月为止。[①]义庄的慈善行为，以家族为救助对象，所谓"承先睦族"（溥仪御赐给刘家的匾额，陈于刘氏家庙内），原本是维系传统血缘关系以达到团结社会的目标。

与家族济贫不同，地方慈善事业面向南浔社群。南浔青华观内的"师善堂"最早建于康熙末年，后渐废弛，嘉庆七年（1802年）重建，以"掩埋暴露棺骸，并创'寓园'停棺，所以停厝棺柩。"旧时，每遇疫疠盛行，残废相继，则庭前廊下，几无隙地，仍有暴露之虞。地方士绅经手谋划堂事，绵而不废。1854年（咸丰四年），仿湖州广仁堂，收殓路毙浮尸。后嗣遭兵燹，堂毁于火，寓园灰烬。1868年（同治七年）于莲家界重建寓园三十间，将被焚骸骨丛葬于城隍庙东首的隙地。至1873年（同治十二年），在余祥弄内与寓园毗连地续增十余间，1883年（光绪二十九年），填平饮牛池，添造寓园四十间，又创设寄园十二间。

师善堂悯恤其死，而育婴堂怜其生。前清康熙、雍正先后在东栅极乐庵和船场浜建有育婴堂，后废。1869（同治八年），庞公照再建育婴堂，又称"小人堂"，收养贫困而多子女家庭婴儿，也经常接纳从街道旁或厕所里被弃的婴儿。在收养过程中病残婴儿死亡很多，女婴比例较多。有些家庭无子女或不能生育者，给堂里补贴一些钱可抱回婴儿抚养，或因家贫残疾等无力娶媳或招婿者，可过继为媳妇或女婿。据《育婴堂记录簿》：育婴堂从设立至1953年3月，共收留男女婴儿为122166名，平均每年收留1451名。其中1936～1953年共收留婴儿5677名中，男婴1382名，占24.34%，女婴

① 陈永昊、陶水木：《中国近代最大的丝商群体》，浙江人民出版社，2001年。

4295名，占75.66%。晚清数十年间，育婴堂“岁费至万六七千金之多。”

至1919年，南浔自治会屠维屏、张维熙等人觉得，育婴堂既尽携幼之责，而独于茕茕无倚之老者无以赡养。南浔虽称富庶，但“穷檐僻巷之中，必有饥寒交迫，呼吁无门，而憔悴而病困而至於死者。”乃由自治会牵头，富商们一倡众和，集款巨万，于南东街毓秀桥育婴堂之南，鸠工庀材，一座“养老院”告成，收养无子女、生活无依靠者之老人。初始时暂定住院者三十名，专收男子，不住院者七十名，男女兼收。南浔慈善家们慷慨捐银三万元为基本金，经常费每年约计银四千元。“凡住院之老人，衣食卧具均由院备。其不住院者每人每月来院领取薪米资银一元五角，如衣服被褥等物不备者，亦由院给。”[①]一些老人还做些搓草绳、打草鞋之类的活计，手巧的还做起裁缝，于生活不无小补。与养老院形成互补的恤嫠会，在一定程度上弥补了养老院孤寡老年女性无人照顾的缺陷。顾家顾敬斋专门筹办丝业恤嫠会；1899年（光绪二十五年），刘锦藻创办的孤嫠会，资助对象更广泛一些：“已经出学而身后无资者，丧不能葬者，孤子无力读书者，守节抚孤者。”

1878年（光绪四年），浙江巡抚通令各县劝办积谷，第二年初，南浔即有“积谷仓”之设，随后二十年，一遇荒年，便设厂施粥，开办平粜。1902年，刘锦藻会同刘家兄弟斥巨资创办了“南浔义仓”，“以他储为主，而以存银辅之。”所谓“义仓”，就是积谷仓，平时买谷储之，年岁凶荒时，将积谷放赈，范围以本镇十二庄为限。“到开仓日期，大口每日可领米五合，小口三合。”又，每年冬天，举行施粥赈米，贫苦以此度日。[②]1934年，江南大旱，南浔河里能够走路，饮水要到周边的大漾及北回桥那边，用船载水供应居民，“积谷仓”便动用米谷接济居民。

作为资本“经济人”，南浔工商业家屡发善心，包含着许多实际的功利目的，完全符合经济运作和思维活动的正常逻辑，但在慈善家方面，他们更看重自身家族在南浔社群中的社会声望，因为这是他们生活的具体环境，一个一脉相承、情丝网络而成的人文环境。慈善家们理解：这一环境需要儒家文化的观念支撑。屠维屏在《南浔镇养老院征信录序》中就养老院的源起开宗明义：“昔者，孔子以老安少怀

① 朱从亮：《南浔文献新志》（内部资料），2004年。

② 陈永昊、陶水木：《中国近代最大的丝商群体》，浙江人民出版社，2001年。

为志，孟子谓，老而鳏寡独者，幼而孤者，天下之穷民，文王发政施仁，所必先由是观之。老也少也，固不容歧视，而况均为无告者耶？”浙江德清俞樾以国学大师的思想逻辑认为，南浔资本家的行为实践着儒商的理念。他为南浔“八牛”之一的金桐先生遗像题诗道：“管子分四民，其理实未是。无论农工商，无不宜兼士。农而不兼士，但知秉耒耜。工而不兼士，但知执规矩。而况为国商，岂徒计倍蓰。樊重君子富，见称于汉史。南阳有孔氏，雍容不倍鄙。吾于竹庭君，渊乎百思矣。百行无不修，实自孝弟始。敦睦被族姻，施与逮邻里。节用而博施，厚人而薄己。不发人之私，乐成人之美。至今被往者，感泣乃未已。如君之所为，岂非古君子。儒先语录书，无白（疑为“日”）不在几。商而有士行，非曰隐于市。今瞻其遗像，高风尚可企。殆将兴其家，请观其后起。”[①]所谓“商而有士行”，以慈善家面目出现的工商业家便在其南浔社群中赢得了很好的口碑。而刘镛对于其善举的解释颇有特色，他认为，富足的家族犹如肤革满盈的躯体：“肤革充盈非有疾也，而阳极则亢，脏腑必有受其病者。吾岁散数千金以与人，非求福也，盖以疗吾之疾也。天地之道，蓄极必泄，吾不待其泄而先自泄也，庶以惩。夫肤革充盈者之自知其疾，而早药之也。”输财譬如“药疾”，这一朴素的辩证法思想虽说渊源于古老的黄老之学、阴阳五行之说，但在近代人的思维中已经与儒家思想理路同辙。经历了二千年的演化，儒家思想融纳百川，形成了一个相当纯熟的思想体系，每个思想家和实践家都可以在其中找到最适合于自身行为的合理解释，这样的解释毋宁是儒家思想的一个侧面。

张静江：奇人奇闻

大户人家的来头大，是很自然的，但在小镇上的大户人家不是一般的来头，他们所结识的通常是通天的人物。单说民国一代，就其对中国社会的影响而言，还有多少人可以与孙中山和蒋介石比肩呢？对于孙中山，南浔人最深刻的印象是：他在就任民国临时政府总统后不久，就决定将南浔升格为市，这在中国行政区域建制历史上，“市”是第一次出现；接着，他们会列举出一系列与孙中山关系密切的人，因为这些人全力支持孙中山的民主革命主张，不但是在思想上，更重要的是在财力的支持上。

与孙中山关系最密切的南浔人首先是张静

① 陈永昊、陶水木：《中国近代最大的丝商群体》，浙江人民出版社，2001年。按：诗中竹庭君，指金桐，字竹庭。

江。

张静江说起来是南浔人，但镇上同时代的人，见到过几次的不多。小时候，徐迟家与张家后门对着后门；在张家花园界墙的一头，有一座漆黑的木桥，大桥上可以看见张家老式住宅房子，鳞次栉比的几百间房，一直伸展到东栅尽头。有一天，徐迟正在木桥上，突然驶来一艘小汽艇，小艇上架起了一挺机关枪。只见艇子靠上一个桥石埠，拾级而上，一直抬进了那老式房子里去。此人就是张静江；平生，徐迟就见过张家邻居这么一回！

张家祖上是徽州府人，徽州人做生意是出了名的，足迹遍天下。康熙年间，张家迁居南浔辑里村。在张静江曾祖张维岳这一代，张家搬到镇东栅，栅口人来人往，于是开起一爿杂货店，成了商人。维岳生有二子，长子早夭，次子名贤。张颂贤便是张静江的祖父了。

张家注定要在张颂贤（1817～1892年）手上大发。张颂贤而立之年，正是上海被辟为通商口岸之后，辑里湖丝畅销外洋。他看准时机，在南浔丝行埭和上海增泰丝栈分设张恒和丝行与丝号，聘请得力丝通事，全力经营辑里丝出口业务，成为巨富。说到张家，因为其以恒和丝行出名，张恒和就成为张家的代称。太平天国时期，浙江盐务混乱，盐商大量抛售引票，张颂贤却大量吃进，太平军退出浙江，盐区重新设官统制，引票价格猛涨，张家财富骤增，并从此放弃丝业，专营盐务，成为盐界巨头。南浔人可能不太了解张家的事业有多大，但他们知道，南浔镇上许多酱园都是张记的，如张恒泰、张恒昌、张元泰、张启泰、张义隆等等，镇周围方圆50里内各乡镇的食盐和酱制品等的批发和销售。全被张家垄断了。光绪年间，人们都说张家成“象”了，实力仅次于刘家。东吊桥的张家花园就是在这时兴筑的，这是财富的象征。

张颂贤生有二子，长子张宝庆，次子张宝善，兄弟俩分立门户后，张宝庆迁居南栅西街华家弄口，购进原顾丰盛大住宅，扩建后称南恒和，立堂名懿德。张宝善仍住老宅，扩建新厦，称东恒和，立堂名尊德。张静江是张宝善次子。

大凡名人奇士出生时就跟一般人不同，张静江出生于1877年9月19日，农历是八月十三日，母亲庞氏回娘家。那天晚上刚在娘家入睡不久，庞夫人就梦见自己牵着一匹白马在院子里溜达，突然，那匹马挣脱了缰绳，直奔大门，冲出张家大院，飞奔而去。庞夫人拼命地呼喊……猛然醒来，始觉肚子隐痛，不一会儿，痛感骤增。庞老夫人一看，已是分娩在即了，把女儿送回婆家怕已来不及了，只好把她留在娘家坐产。在娘家坐产，不败东家（父亲家）

败西家（母亲家）。最后的事实是：张静江出生在外祖父家。最后败了东家，还是西家呢？后来，张静江造清朝的反，也是诛连九族的弥天大罪，这难道不是东、西两家都完了吗？

张静江是个残疾人，跛了一腿。当地人说，这也是命中注定的。据传，张静江满月那天，突然闯进一位化缘和尚，要见婴儿。张颂贤唤庞夫人抱出小静江，刚才还是呼呼沉睡的小静江，陡然间清醒了，圆睁着两只小眼睛，盯着和尚一眨不眨。

"吉人天相，阿弥陀佛！"和尚说罢，便拉着张颂贤到一旁，神秘兮兮地告诉张颂贤，他孙子是个大官相，可以官至三品，如果自己努力的话，可以官至二品或一品。不过祖上积德不厚，官衔突破三品后，每升一级要折寿十年。还特别提醒他，孙子与"火"犯克，尤其是13岁以前要格外小心。说毕和尚飘然而去。[①]张静江的名字于是有了依据：名增澄，增字辈，"澄"带"水"，字静江，意在以水克火。张静江后来还有一个经常使用的官名：人杰，当地人也有一番解释，说是，少年张静江论是非，常常以李清照的"生当作人杰"自勉，遂有"人杰"之名，还是自取的。走进尊德堂的正厅，有一副抱柱对联特别醒目："世上几百年旧家无非积德，天下第一件好事还是读书。"看来，张颂贤是真相信了和尚的话，因为祖上积德不厚，从现在开始要积德。他在马家港河东建宗祠，在徽州、常熟、南浔等地购置庄田，赡养和奖恤族人。这都是为了积德。既然和尚说孙子可以官至一品，张颂贤认为，看来只有拼命读书了。学而优则仕，是颠扑不破的真理。

少年张静江常常以李清照的"生当作人杰"自勉，遂有"人杰"之名

张静江命中与水相犯，1895年，患上骨痛病，再后来跛了足，按一般推想，跛足是由骨痛引发的，可南浔人坚持相信，他这跛足跟一次救火壮举有关。在《张静江传》中有一

① 潘荣琨、林牧夫：《中华第一奇人——张静江传》，中国文联出版社，2003年。

段描述：

> 小静江正和许许多多大人们一起，奋不顾身地扑向火舌。他的上衣被烤焦了，就脱下外裤，烧上水，继续灭火，突然，他听到有火苗蹿动的二楼传出女孩啼哭的声音。小静江循声望去，通向房间的楼梯已经着火了，在噼噼啪啪地燃烧着。女孩危在旦夕，怎么办？“人命关天，一定要把她救出来！”小静江咬咬牙冲向内屋。楼梯越燃越旺，几乎成了一条火带，封锁了上下的通道。楼上小女孩撕心裂肺的哭喊，像针刺痛着小静江的心。小静江用湿裤子驱赶火焰，不顾一切地向楼上冲去。他跨上楼板，冲向蜷缩在床边地板上的女孩。这是个不到两岁的女孩。小静江抱起女孩冲向楼梯。就在这时，楼梯“叭叭”两声断裂了，退路被截断了。“啊！”小静江惊叫一声，心吊了起来。他急中生智，迅速推开了靠北面的窗户，扔下了没有烧着的棉被，抱着小女孩纵身向棉被上跳了下去。

小女孩获救了。小女孩的父母千恩万谢小静江。小静江却付出了沉重的代价——摔坏了左腿，而且是粉碎性骨折。全镇人都称道小静江的勇敢和机智，同学们也为他的少年壮举而自豪。

1886年冬天，南浔镇确实发生了一次大火，“自宝善街至清风桥西，延至大桥之东南，至分府署止，延烧二百数十家。”在一本由南京李克先生提供的珍贵地方文献《屈翁诗稿》中，人们看到了那次火灾的真实情况：

> 丙戌年冬十二月，黄黄小饮醉兀兀。
> 朔风猎猎灯影摇，蓦地镇声起仓卒。
> 出门北望半天红，烛红焰天天欲裂。
> 风姨跋扈声怒号，祝融肆虐恣贪饕。
> 水龙十道向空飞，力士百人猛鞭策。
> 谁知火德正炎炎，石裂墙颓如霹雳。
> 烈焰蔓延西得东，倏如电掣倏兔脱。
> 东家有妇携儿行，儿既颠沛妇亦蹶。
> 霎时践踏无完肤，惨目伤心真堪绝。
> 迟迟风伯兴阑珊，赤帝将衰稍敛迹。
> 啾啾野哭觅儿女，悔不徙薪早曲突。
> 吏胥呼殿长官来，长官瞠目呼咄咄。
> 胡床踞坐酒气熏，忍对焦头与烂额。
> 百家楼阁化灰尘，十万黄金共一掷。
> 归来记事写吟笺，犹见余霞半天赤。

火灾发生时，张静江才9岁，一个大户人家的孩子，一般情况下怎么行事，是不难想象

尊德堂里有一副抱柱对联很醒目："世上几百年旧家无非积德，天下第一件好事还是读书"

的；跛足是因病而起，还是由火所致，也应当可以判断出来的；或者张静江在这次火灾中完全是一个被动的受害者：慌乱当中，从高处跌下，伤了坐骨神经，后来成了跛足。历史经过这一番推敲，可能会失去许多光泽。不过，南浔人有意保留那一份理想的历史，因为张静江毕竟是属于南浔的。

即使救火的故事是假的，张静江的豪侠仗义还有许多奇闻一直在南浔的街谈巷议中扩散。"赏洋救人"是典型的一则：

1894年3月25日，18岁的张静江乘轮船去上海，在平望过桥洞时，拖船在急流的冲击下，与大桥桥墩猛烈相撞，船身倾斜进水下沉，张静江得拖船主之助脱险，爬上了客轮。他得救之后，见同船的妇女幼童仍在舱中，急得团团转，突然一脚踏上座椅，高声喊道："拖船里还有人，谁能救出一人，我愿给100大洋相谢！"俗话说，重赏之下必有勇夫。况且张静江为救他人不惜重金，更是感人至深，水手和青壮年们都纷纷跳下河去救人，12个老弱妇孺全部获救，免除了一场悲惨事故。张静江说话算数，当即写下了12张纸条：下水救一人，谢银100大洋，持此条到南浔东恒和酱酒园领取。一个月后，张静江从上海回到南浔，特去酱酒园查问，发现有6人没有来领钱。张静江当即吩咐账房速去查明姓名，马上送银上门。此事迅速传开，南浔镇上一片赞美之声。张静江为答谢那个船主，每逢年关，便让他到东恒和账房领取年赏200元，直到1902年他去法国后，才予终止。[①]

张家有钱，张颂贤立志积德，以偿补祖上“积德不厚”的罪愆；而且，沪湖轮班在平望出事也不是一次，后来的1936年，一次事故夺去了20名学生的生命。张静江能有上面的义举当然是可能的。

张静江在南浔的这些口碑弥补了其早期历史的空缺，也为后来张静江倾心支持孙中山进行民主革命的行为提供了一个民间解释和说明；如果张静江是一位学者，“人杰地灵”就可以提供一个背景说明了。

资产阶级的革命性如何

不知道跟南浔的火灾有没有关系，总之，张静江骨痛、足跛、眼疾，疾痛缠身，似乎也无法通过科举正途跻身官僚阶层了；买官是另外一途。1897年，父亲捐银十万两，为其捐得江苏候补道员之衔，这是个虚衔。用不着真正的就任，张静江便潜心书画，以“卧禅”为别号。据称，他书崇李（北海）赵（孟頫），画仿董（其昌）王（鉴），不断精进。不久，听说杭州宦绅孙宝琦即将出使法国，正在挑选随员，所以就有了另外一种说法：张静江为了获得随员资格才捐了个候补道员。不管怎么说，1902年，张静江离开了南浔，作为孙宝琦的一等商务参赞去了巴黎。这一去，南浔就成了张静江的故乡；有关他的事业，南浔人只能道听途说。

在巴黎，张静江很快弃官从商，1903年创办了通运公司，在英国伦敦和美国纽约设分公司，经营辑里丝、绸缎、茶叶和瓷器等中国特产。不久将茶叶部拓展为开元茶店。1905年，巴黎地区的牛奶生产发生问题，供应紧张，牛奶随之涨价。张静江立即抓住时机，开设了豆浆、豆腐公司。一个残疾人，远在异乡，干出如此轰轰烈烈的事业，小镇人恐怕是无法想象的，有的人后来在李石曾的《谈卧禅》中才知道当时的张静江是这么一副状态：他不过24岁，眼镜与皮鞋均与众不同。镜片不但特别的厚，两边还不均匀。皮鞋是特制的，类似小脚女人的黑底鞋，且两只不同，一只鞋的鞋底与脚之间置一木块，这是因为他那条患有风湿病

① 潘荣琨、林牧夫：《中华第一奇人——张静江传》第二章，中国文联出版社，2003年。

的腿有些变形。张静江虽然眼睛不好使，腿脚也不灵便，但他能骑着自行车穿过巴黎最热闹的街市。

从小镇走出国门的张静江见了大世面，自然不会满足于光耀先辈的商业门楣，更不会以金钱铺设官道，他介入了政治——投身于近代民主革命。1906年，加入中国同盟会，1907年，与吴稚晖、李石曾发起组成“世界社”，创办《新世纪》周刊，鼓吹反清革命，倡导科学与民主。国民党的四大元老，这里出现了三位（另一位是蔡元培）。

对于张静江的政治抱负，南浔人谈论得最多的是其与孙中山非同一般的关系，这种关系的建立，从一开始就颇为传奇。1906年春天，张静江因为通运公司的有关商务，乘坐一艘法轮回上海，就是在这艘外轮上，他巧遇了孙中山。两位素昧平生的相遇，一个是从事反清斗争的革命家，一个是清政府的官员，两者“道不同”而“相为谋”，这中间可以发挥的地方就很多了。徐迟先生从一份文史资料中读到：孙中山在一艘外轮上遇到张静江，张听他讲了革命思想后，即告诉他，自己是随驻法国的外交官同行的，要孙中山小心一点，免得出麻烦，以后就捐款三万两银子，在纽约兑现。这份资料大约是说，张静江的革命思想是受孙中山的启发而产生的。

潘荣琨等人《张静江传》描述他们的巧遇更为详实，但与上述说法完全不同。张静江听说孙中山与他同在一条船上，用几枚法郎“贿赂”了船上的侍者，才与孙先生搭上了线，一见面便主动表白自己早已萌生的革命思想：

在下虽身为清廷官员，但那官是父亲花钱买来的。在下入朝为官，原也想以经济救国，殊料事与愿违。在下早对清廷失望，乃至深恶痛绝，然虽有一颗革命之心，却不知何以才能革命！孙先生致力倡导革命，不屈不挠，在下深为敬服。孙先生领导的革命，确实是划时代的，我本人亦深信，中国是被腐败无能的满清政府拖跨了，除了革命，没有更好的办法可以救中国！

接着表明态度：愿竭尽全力资助孙中山的革命工作，“孙先生需要多少，我就付多少。”1981年台湾出版的《民国张静江人杰年谱》中的叙述印证了这里的描述，只是张静江的口气变成了书面语言，显然是历史学家代言的：君非实行革命之孙君乎？闻名久矣，余亦深信非革命不能救中国。近数年在法国经商，获资数万，甚欲为群之助，君如有需，请随时电知，余当悉力以应。当时，两人约定暗号：当孙中山需要经费时，即给张静江发去含有“ABCDE”五个英文字母中任何一个字母的电文，A代表法郎1万元，B代表2万元，C代表3万元，D代表4万元，E代表5万元。

南浔人描述张静江兑现第一笔革命经费的过程，似乎那事发生在镇上一样。据说，两人在船上分手时，张静江交给孙中山一封信，让他去美国后，到纽约第5街566号通运公司，找他的妻舅姚叔兰经理，领取第一笔活动经费3万元。孙中山左右的革命党人，包括黄兴在内，许多人都不相信世上真有如此豪爽之人，把这事权当笑话，到纽约后，钱果真领到。张静江的一诺何止千金！南浔人挂在嘴边的赞美，说明这个镇上的人推崇同样的美德。

第一笔革命经费的兑现是否像传说的那样传奇，有待史家证实，但张静江对于孙中山的经费资助，确实竭尽心力。最急迫的一次是1908年夏天，张静江收到孙中山的“A”字电报！当事人李石曾后来回忆：张先生接到国父的电报，催汇巨款，立即约集一个秘密会，我亦在座。卧禅决定出卖茶店，以所得供给革命饷项。惟尚未得到买主，那次起义之举已如电光石火的过去了！茶店终归卖出，一面推广商业以广来源，一面维持同盟会党费，一面维持世界社的会费。惟供给革命性与建设性各项长期业务，经济总是困难，时刻推进通运公司在法、英、美三国努力。所以，平心而论，张静江受到孙中山的器重并非偶然；可以说，他们是患难之交，这是乡村小镇赋予张静江的社会人格所决定的：那时通运公司在巴黎商业上的地位并不太高，而于那几年中（辛亥革命）贡献于民国革命与社会文化者，则实在不少。张先生与孙先生相约，见到电报即汇一万二万或三万，许多人都知此故事，较比通运公司大多少倍的大商家，就是同志，都也没有那样的精神魄力。所以，国父遗著中称之，非偶然也。[①]

孙中山对于张静江宠信有加，除在政治上加以培植外，南浔人特别喜欢提及他们的私人关系。1923年，张静江骨痛病加剧，养疴在浔。孙中山特意致函张静江，推荐留德名医李其芳为他做电疗，另谓：“俾贵体恢复常态而再出为国尽力，这岂止是一人之幸，实为吾党之大幸也。”东栅“尊德堂”是张静江故居，正厅两侧的对联：“满堂花醉三千客，一剑霜寒四十州”，就是孙中山所题。当然，最能说明张静江与孙中山密切关系的证据莫过于孙中山逝世时，张静江在场，见证了孙中山对“国事遗嘱”的认可：

① 顾音海：《飘逝的风景》，浙江摄影出版社，2003年。

余致力国民革命，凡四十年，其目的在求中国之自由平等。积四十年之经验，深知欲达此目的，必须唤起民众及联合世界上以平等待我之民族，共同奋斗。现在革命尚未成功，凡我同志，务须依照余所著《建国方略》《建国大纲》《三民主义》及《第一次全国代表大会宣言》，继续努力，以求贯彻。最近主张开国民会议，及废除不平等条约，尤须于最短期间促其实现，是所至嘱。

孙中山逝世后，张静江追随蒋介石。1927年，官至浙江省政府主席。毛泽东评价张静江："有经济眼光、经济头脑活络！"张静江热心于经济建设，政治性格与蒋介石不合。至1930年，两人竟至水火难容。全国政协《文史资料选辑》第24辑披露了一则内情：1930年，蒋介石派人劝张辞去浙江省政府主席一职，张静江直接找到正在河南督师(时，蒋正与阎锡山、冯玉祥进行中原大战）的蒋介石，蒋介石让他在会客室等了好久才出来见面。张一见蒋就怒不可遏地说："你现在的架子这样大了，我从前去见总理也没有等过这么长久！"蒋亦勃然大怒地回道："我看你在浙江要独立了，等我把阎、冯打下以后，再来打你，你等着吧！"无奈的张静江郁闷地回到江南小镇，"自动"辞职。如此不讲交情的浙江人，让小镇尴尬异常，于是，小镇上便有了一些与蒋某人有关的传闻，以缓解这种难堪。张锡林先生口述了一则"蒋介石到南浔"的故事：

一日，在大桥（通津桥）码头，张静江管家突然发现一个熟悉的身影，穿一件皱巴巴的旧蓝布长衫，里面黑色细洋布裤子，脚下一双旧皮鞋，戴顶灰色礼帽，嘴唇上留有一小撮胡须。也许多日未曾洗涮，浑身上下蒙着一层尘土，一副落魄潦倒的样子。管家忙上前招呼："咳，这不是蒋先生吗？我家老爷正想着您呢！"被称作蒋先生的一看是熟人，也招呼道："此番回老家看看，路经贵地，此刻正想乘轮船回上海。"管家便客气地招呼蒋先生白相几天再走，也好和主人畅谈一番。蒋先生望着自己一身落魄相，便说："不麻烦你家主人了，改日再来拜访。"管家一看蒋先生执意不肯前往，有些无奈，但素知主人好客，并和这位蒋先生交情甚好，因为在上海时和蒋先生就有合作。现在蒋先生到了家门口不请进家中一坐，深怕主人责怪，但蒋先生又不肯前往，于是管家想：我何不赠些盘缠给他，也好在主人跟前有个交待，忙说："蒋先生既是百忙无暇，那就恭敬不如从命了，但请稍等片刻，我去去就来。"匆匆跑到附近的张家铺号，取了二百大洋，跑回码头送给蒋先生："区区薄礼请先生收下。"蒋先生推辞一番便收下了。[1]

值得一提的是，孙中山逝世前后，另一位南浔人亦随侍在侧，他叫庞青城。

庞青城（1875～1945年），名元澄，原字清臣，是不是父辈原本也希望他做个清朝的顺臣？父亲庞云鏳以丝业发家，开设“庞怡泰丝行”，后来与杭州红顶商人胡雪岩合伙做军火生意，不但赚得了大量银子，还赚足了面子。1891年，庞云鏳向清廷献银10万两，作为赈捐豫直灾害报效，由李鸿章奏奖，次子庞元济得慈禧太后恩赏举人，南浔人说，这是“庞家的面子”。

清臣似乎对人人艳羡的“面子”并不感兴趣，他不愿做清朝的臣子，改清臣为青城。1898年“百日维新”虽然失败了，但新学思潮已成一股潮流，废科举，兴西学，教育趋新。1901年，从日本考察回国后的庞青城创办了浔溪公学，校舍在东栅上塘，是个新式学校：学制仿日本公学，校务主任是杭州著名的维新派人士叶翰，教师中，如山阴的杜亚泉，绍兴的邵力子，安徽的周梅泉，皆为一时名流；后来的国民党要人朱家骅、叶楚伧、张乃燕及新闻学家黄远庸等，都出自该校。1902年，蔡元培在上海组织的“爱国学社”被查封，浔溪公学受到牵连而停办。

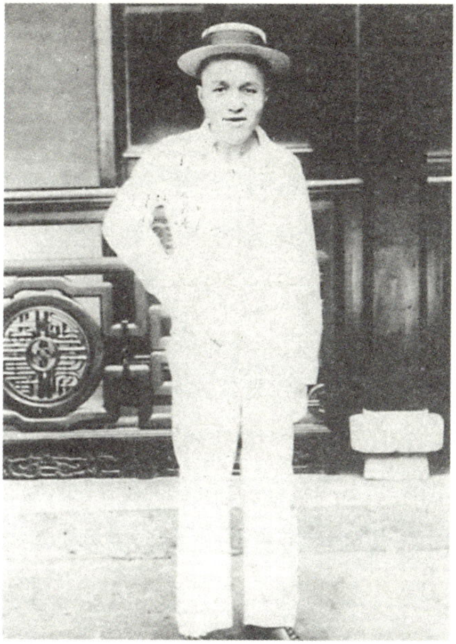

他不愿做清朝的臣子，改清臣为青城

庞青城的父亲是张静江的外祖父，庞张两家关系密切。张静江巧遇孙中山卷入革命大潮后，1907年也介绍舅舅庞青城参加了同盟会，不久成为同盟会上海支部的核心人物之一。据称庞青城还认真地拜过孙中山为师。

1906年，庞青城在上海法租界戈登路购买了一幢占地19亩的洋楼，雇有白俄保镖，安全性较好。孙中山先生也偶尔在此下榻。庞莲，庞青城的女儿，上海文史馆馆员，1998年回忆道：

① 眭桂庆：《南浔民间故事》，当代中国出版社，2001年。

我父亲特为中山先生卧室购了一套家具，当时革命巨子如黄兴、宋教仁、于右任、戴季陶、孙科、许崇智、张继、叶楚怆、吴铁城等，均是经常来我家，当时我年纪虽小，但记得黄兴的手指为电风扇轧去几只，于右任是个长胡子，张静江是我表哥，当然常来。总之我家在当时成为辛亥革命志士聚集之地。

我还记得汪精卫曾送了他亲笔写的一副对联给我父亲，挂在我家中式客厅中，对联的字句我也记得，是“十年尘土青山色，万里江山画角声”。……在西式客厅中，常挂的一幅照片内，有我父亲、孙中山先生、宋庆龄、秋瑾、孙科及中山先生的两位女儿，还有许多革命老人。

袁世凯做了民国大总统后，任命庞青城为实业部商政司司长，庞青城从孙中山不就，1913年，讨袁的“二次革命”爆发，庞青城与张静江一起联合部分浙江会员，致函浙江都督朱瑞，规劝其宣布独立，谁知朱瑞早已被袁世凯收买，得知庞、张反意，即派人至南浔，召集地方士绅，出示朱瑞手谕，通辑张静江和庞青城，抄家后还查封了庞青城在南浔筹办的浔溪造纸厂。1916年，庞青城被袁世凯列入暗杀名单，被迫流亡日本。为遮人耳目的英式豪宅转到了一位叫做“白兰”的英国人名下，庞氏其子女得以在此继续居住。

袁世凯死后，庞青城回到上海，继续支持孙中山革命，直至孙先生逝世。应该说庞青城如此坚定地支持革命与外甥张静江的关系极大。1913年孙中山决定将国民党改组为“中华革命党”，当时连黄兴这样的老革命家都与孙中山产生意见分歧，张静江坚决拥护孙中山的主张，并劝说舅舅庞青城：孙先生领导我们，是我们三生有幸。我们跟不上他的思维，与他的思想相差很远，怎么也追不上。所以，这几年，我越来越认识到他的伟大，是一代举世无双的领袖。可是党内许多同志还未觉悟，说我们服从太多，岂不可叹。①

南浔镇上的周氏家族是“八牛”之一，按世系，在昌字辈时发家，有名的周申泰丝号在19世纪70年代中期暴发；庆字辈的周庆云是个著名的实业家，却“不废儒雅”，所纂《南浔志》是一部重要的乡邦文献；延字辈中有两位追随孙中山进行革命。

周延绅（1884～1952年）以“佩箴”名为人所熟知，光绪二十五年倒是中了个秀才，可

① 潘荣琨、林牧夫：《中华第一奇人——张静江传》，中国文联出版社，2003年。

几年后（1905年，光绪三十一年）科举废了；家境又不好，进不了新式学校。好在叔祖周昌福与上海著名买办徐润为世交，佩箴遂进了徐润的上海定源祥房地产部任办事员。因勤奋笃实，深得徐润器重，由办事员逐步提升为总帐房。时，张静江在上海创办通运公司及通义银行，聘周佩箴为经理，通过张静江的介绍，周佩箴与孙中山相识，1908年加入同盟会。在辛亥革命、二次革命、讨袁护法等历次革命活动中，佩箴紧随孙中山，特别是在筹款、理财方面工作出色。据称，孙中山就任非常大总统时曾以一全身照片题赠周佩箴，赠语："天下为公"，上款：佩箴兄属，落款：孙文；关系可见一斑。

周延龄（1880～1993年）又名柏年，早年东渡日本，结识孙中山，思想维新。1905年，中国同盟会刚成立就成了会员，旋回上海策动光复。民国初年紧随孙中山，1924年国民党一大选举他为中央委员。国民政府定都南京后任监察委员，因与蒋介石不合，常托病在家乡休养。留连故里，周柏年常常至东大街阅报社品茗，激动起来，连蒋介石也要骂上几句。所以，镇上人都知道有个愤世嫉俗的周老爷天不怕地不怕。

那个时代，南浔也不宁静。1925年夏季，周柏年正在南浔休养，从上海圣约翰大学回来一批学生，准备筹建南浔中学，为首的沈石麒准备把南宋名刹报国寺改造成学府，看家的和尚不同意，一批青年人闯进庙门，将里面的佛像悉数捣毁。善男信女们捶胸顿足，大呼"阿弥陀佛"，可镇上的许多头面人物，尤其是"四象"中的许多新派都成了南浔中学的校董，做了沈石麒的后台；周柏年便名列其中。

周柏年与沈石麒的另一项合作事业说不上成功。20世纪30年代，江浙农民的养蚕制丝技术渐形落后，生活困苦。1930年，周柏年与沈石麒、张赓等人在南栅南喜兜建立了裕群制种场。可农民不领情，对他们的"洋蚕种"不感兴趣，制种场开了三年，过问者寥寥。脑袋里的问题一下子解决不了，只能关门。

与孙中山先生志同道合的徐自华（1873～1935年），原籍石门县人，嫁到南浔，成为梅家的少奶奶。丈夫梅韵笙，光绪十九年秀才，是南浔巨富梅恒裕的远房，其富裕程度并不像一般人所想象的那样。与一般闺秀不同，徐自华幼承家学，熟读经史，填词赋诗，不让须眉；且有字（寄尘）有号（忏慧），一股男儿气慨。

1906年春，张静江弟弟张弁群从欧美考察教育归来，带来一股文明之风，提倡妇女教育，在东栅创办浔溪女校，所聘校长就是徐自华。在南浔出现了湖州第一所女子学校，校长也是女子，这已经让小镇人眼界大开了；但更让人们诧异的是，不久来了一位女教师，一副侠士行头，人称“鉴湖女侠”，名秋瑾。

其时，秋瑾刚从日本回国，经陶成章、蔡元培和诸辅成等名流的辗转相介，来到浔溪女校任教，教授日语、卫生等课程。人们很快发现，侠女的举止跟一般老师很不一样。先是，她愤恨女儿家缠足。作《反对缠足》歌：

缠足由来最可羞，找残自体作莲钩。
骨断筋缩多痛苦，行走何能得自由。
积弱成痨因此足，无能不学更何尤。

鼓励已经缠足的学生果断放足。学生们感到特别稀奇的是她的打扮：头戴礼帽，身着长衫，足登皮鞋；星期日带了学生外出采集标本，许多人在背后指指戳戳，秋瑾只当没看见，照例我行我素。终于，有学生家长对秋瑾的行为举止提出质疑，以至要求子女退学，个别校董以此对她施加压力；这年暑假里，秋瑾辞职而去。

第二年的7月15日（农历六月初六），秋瑾轰轰烈烈地在绍兴轩亭口就义。几年后，鲁迅先生以秋瑾为生活原型，创作了那篇著名的小说《药》。对于小说里华大妈的麻木和愚昧，自以为觉醒的中国人总是哀其不幸，怒其不争。

谁是南浔的“华大妈”？后人的许多回忆都提到一个金某的校董，说他捏造家长意见，讽示秋瑾辞职。金某，名熙，字铸欤，也是南浔镇上一位热心教育的绅士，曾与里人发起组织“教育普及社”，任干事。忍庵先生撰文认为：或谓秋（瑾）为地方封建势力所排挤，被逼去职，甚至目金铸欤为封建势力的代表人物，实与事实相背。事实是：

铸欤等曾与秋同至茶肆品茗。秋作男子服饰，戴瓜皮帽，背垂假发辫。原为避人耳目，不知反为好事者引为口实。家长中有惑于当时言论，命其女中途退学的。有人还写诗讽刺。铸欤虽不以为然，但亦不得不稍加收敛。[①]

由此可以看出，作为一位开明绅士，金铸欤能够理解秋瑾的时尚行事，但“本分”的百姓却不能接受秋瑾作为教师的“身体力行”，所谓“家长意见”，恐怕是真的，无需某人去捏造。在当时的社群环境中，金铸欤“有所收敛”，甚至敬而远之，应当是情理之中的事儿。秋瑾离开女校跟金铸欤有多少直接关系恐怕很难说。真正的关系在于：秋瑾特立独行的风格与

① 忍庵：《金铸欤》，《南浔通讯》，1991年3月10日。

小镇人一以贯之的持重性格之间，存在着一时无法弥合的裂隙。事实上，整个女校，真正与秋瑾气息相投的也只有校长徐自华等极少数的几个人。两年前，著名作家张承志游绍兴，站在轩亭口，喃喃私语："其实，秋瑾是孤独的。"如果说下嫁长沙王子芳，"闺中无伴侣，谁伴数更筹？"是一种形的孤独；"钗环典质浮沧海，骨肉分离出玉门"，只身东渡日本是一种情的孤独；那么创办《中国女报》的失败，被迫辞职浔溪女校则是一种心的孤独；而徐锡麒安庆事败后，写下"残山剩水，谁招志士之魂"和临刑前惟留下"秋风秋雨愁煞人"七字遗言的秋瑾更是一种志的孤独、魂的孤独。这样的孤独，对巾帼英豪的秋瑾并非瑕疵和缺损，相反，因为有了这样的孤独，我们更看到了一个有血有肉，既为儿女情长所嗟叹，更为苍生的沉沦、民族的命运而悉心相忧以至不惜以身殉志作"血的唤醒"的真心英雄的秋瑾。其实高贵的灵魂和真正的英雄，从来都是免不了孤独的。这种孤独既是时代悲剧在英雄身上的投影，更是英雄人性光泽的闪射和复原，何况作为一个女性的秋瑾。①

徐自华是一位知识女性，不到30岁便守了寡，在家庭、事业上的遭遇与秋瑾相似。她自然很欣赏秋瑾敢作敢为、挣脱礼制家族的勇气，秋瑾在浔执教期间便住在徐自华夫家（华家桥东堍南首）。不过徐自华还没有"出格"到秋瑾那种程度，因此，秋瑾的离开，徐自华是最痛心的。这位女诗人道：

欲求世界尽文明，化及蛮夷不惜辛。
我为浔溪拚一恸，学堂何可少斯人。

何妨女儿作英雄，破浪看乘万里风。
惊醒同胞二万万，仗君去作自由种。

不是知音调略同，剧怜聚散太匆匆。
此行倘遇回峰雁，可有音书寄一封。

秋瑾离女校时，作《柬徐自华》：

祖国沦亡已若斯，家庭苦恋太情痴。
只愁转眼瓜分惨，白首空成花蕊词。

何人慷慨说同仇，谁说当年郭解流。
时局如斯危已甚，闺装愿尔换吴钩。

在秋瑾的影响下，徐自华走出生活的阴

① 陈荣力：《轩亭口》，《文汇报》2004年1月9日。

影，侠义地与秋瑾一同辞职，并以父丧为名离开梅家。1914年，徐自华加入了柳亚子领导的文学革命团体南社，为辛亥革命摇旗呐喊。在《南社纪略》中，柳亚子写道：

> 徐忏慧，名自华，字寄尘，浙江崇德人。负才气，能诗词，适吴兴梅氏子，早寡。与秋鉴湖订刎颈交，鉴湖既殉义，为营葬西泠，几罹党狱。后创竞雄女校海上，成材甚众，晚岁退居杭州秋社。1935年（民国24年）七月十二日去世，年六十有三。

秋社同仁根据徐自华遗愿，将其营葬于西子湖畔的秋瑾墓侧，成全了“埋骨西泠”的宿愿。

在追随孙中山的南浔人中，褚民谊（1884～1946年）是很特别的一位，他起先叫“明遗”，自称明朝的遗民，很有点“反清”的意味；后来改为“民谊”，“民主”气息很浓。应该说，早年的褚民谊是个新派人物，曾就读于新式的明理学社，接受了新思潮。1904年，通过张静江的关系，到法国巴黎勤工俭学，攻读药科。读书之余，少不了要去张静江的“通运公司”走动走动。那时的“通运公司”实际上是同盟会的联络点，褚民谊不久就加入了同盟会。据说，张静江创办豆浆豆腐公司的时候，褚民谊也出过力。也就在巴黎，褚民谊结识了汪精卫和陈璧君，陈璧君把自己贴身的、以姊妹称呼的使女嫁给褚民谊，这样与汪精卫成了连襟。自此以后，两人便“一条踏板上走路”了：1924年，汪精卫任国民政府行政院长，褚民谊任南京特别委员会候补委员，继当选为国民党中常会委员，后转为中央监察委员；1939年，褚民谊追随汪精卫自重庆叛逃到河内，做了汉奸；汪精卫在南京召开伪国民党“六大”，褚民谊被汪精卫指定为汪伪中央监察委员会常务委员、汪伪国民党中央党部秘书长。1940年3月汪伪国民政府在南京成立，褚民谊任行政院副院长兼外交部部长，曾作为汪精卫的特使去日本东京朝见天皇，表达中日亲善。1945年8月抗日战争胜利，褚民谊以汉奸卖国罪被捕，1946年8月23日在苏州被处决。所以，准确地说，褚民谊早年追随孙中山，后来追随的是汪精卫。

褚民谊成为汉奸前，镇上人也将他视为名流，乐于谈论。老一辈的人还记得，1932年，褚民谊回到镇上，曾在浔中附小和民众教育馆表演了踢毽子。南浔各小学原来盛行踢毽子，经他示范提倡后，成为群众性的体育活动。另外，褚民谊的太极拳打得极好，还有《国术源流考》的理论研究成果，可见造诣之深。褚民谊在苏州伏法，苏州人挖苦说：褚民谊伏尸刑场的姿势，似乎还在打太极拳……

寻常人家

熏豆茶的主要成分是熏豆，一名烘豆，亦称青豆，“盐煮毛豆，炭为烘干”。仲秋时节采摘的“十家香”，是毛豆中的上品，得当天剥、当天烘。晚上一家人围着幽红幽红的炭火，烘箩上是碧绿碧绿的毛豆，屋子里弥漫着醉人的清香；窗外，一弯明月倒映在水中，凉风吹拂着毛豆地，“沙沙”作响。偶尔，有“吱呀吱呀”的浆声响起，青蛙便静下来，水中的月儿柔柔地碎了。

第二天一早，孩子们来到烘箩前。豆子烘干了，豆衣膨胀后皱缩成各种形状，细看，像一张张脸谱。

茶　事

平常人家将熏豆藏在石灰甏里，早饭时，抓一把放在碗中，洒几滴开水，豆便马上胀胖，淋上一点麻油，成了常备的下粥小菜。家中来了客人，祖母的那碗熏豆茶便端上来了：淡淡的几片茶叶，碧绿的熏豆掺和着点点红星似的丁香萝卜干，用一片酸梅浸渍的橘皮拌和着喷香的白芝麻，有时还要在碗里放进一枚拍碎了的青橄榄。这样一碗茶品完，该聊的事儿也一定聊完了。寓居西安的庞秉陔对闻名中外的小莲庄、藏书楼印象依稀，可对熏豆茶却历历如在目前：由茶叶和其他五六样腌制的食品冲泡而成，一股诱人的馨香，至今溢于鼻间，尤其五彩缤纷的颜色，错落有致，上下沉浮，汤水清澈醇厚，观赏比品味更为陶醉，可是以后再仿制也喝不出这南浔味了。

男人们聊在茶馆里。南浔的茶馆很多，抗战前最盛时，全镇有50家。据1951年的一份商业调查资料，当时全镇有各式茶店、茶灶、茶馆、茶园、茶室、茶楼31家，日供茶水高达45900多碗。经营得有些名气的茶馆有：东栅天云楼和万福楼，北栅的风椿楼和彩凤楼，南栅的锦厅。

天云楼是一家新潮茶楼。50年前，镇上用电灯的还不多，天云楼每天早晚两市，灯火通

枕河人家

明。二楼向南是一排玻璃长窗，向北是一排玻璃短窗，中间竖着的镂空招牌“天云茶楼”，三米高，隶体字，台湾香樟制成，周边彩灯环绕。临河四盏扇形乳白色灯罩构成活动字牌“天云茶楼”，在市河行驶的舟楫远远地就可望见它。

东大街德懋弄下岸的“阅报社”也是茶馆，听店名就很雅。茶室三开间门面，底层店铺，品茶在楼上，靠窗是一排躺椅和茶几，壁上悬挂名人字画，随手拿起沪杭等地出版的报刊，就着茶读；窗下的运河里橹声欸乃，乡村来的棚舟借着风势，扯帆穿过桥洞。湖州的沙金老人，小时候常跟父亲去那里喝茶：“那时父亲在镇上一所小学教书，星期天经常去阅报社，边品茗边翻阅报纸。我见到阅报社来吃早茶的顾客，有穿长袍的，也有穿西装和中山装的，大概是知识分子和地方士绅居多。”因此，镇上人认为那是一爿知识型茶楼。抗战前，茶馆里还没有挂“莫谈国事”的牌子，阅报社气氛自然很轻松。

南浔的茶馆有早、午、晚三市。早市农民和手工业者居多，近郊的农民，深更半夜就起身，赶几里地，进镇的时候，天还没亮，风雨无阻。唐家兜的万新楼真够早的，凌晨3点，各类茶客陆续到达。天刚擦亮，临街的曲尺埠口就有茶客上岸了，几步石级，跨上青石板街面，茶楼就在眼前。靠南墙的老虎灶热气腾腾，茶客略略与后面灶间里探出头来的主人道一声“早”，便和北首板凳上的老相识搭起来。茶客中有手挎元宝篮的种田人，手持拐杖的老年人，肩担箩筐的买卖人，南腔北调的江湖人，头戴毡帽的绍兴人，带着海腥味的宁波人，鸡毛换草纸的苏北人，穿道袍点香眼的出家人，有木匠漆匠泥水匠，有银匠铜匠雕花匠，有石匠铁匠箍桶匠，有竹匠鞋匠绣花匠，真所谓四乡八土皆茶客，三教九流也风雅，浓浓茶香里，各种方言、各种声调汇成语言什锦。外面高谈阔论讲形势，里厢慢话细说叙家常，门旁引经据典话历史，窗下有说有唱表戏文，墙边讨价还价谈生意。在这沸沸扬扬声中，夹带着小贩叫卖声、茶壶碰撞声、堂倌洒水声、老虎灶炉火声，远远传来雄鸡声声报晓声，宁静水乡在一片嘈杂声中苏醒过来。

南栅边上的老农，背着茶笼，手里一根竹筒烟管，笃悠悠地踱进绍同园或锦厅，沏上一杯茶，听听飞短流长的荤说，诸如哪家老头娶了个年轻的侍妾之类，议论一歇市场行情，对一些奇闻异事发表一下意见，顺便把带来的鸡、鸭等农副产品在茶馆卖掉，采办些油盐酱醋或者“屋里人”的花布、小孩子的零食。北栅“砻店”是一家木作坊，制作一些农具，如木砻、龙骨车、斗、升等，店主庄金宝，人们背后称他小金宝，每天早晨五点就赶往明泉楼，洗脸、喝茶、吃早点。七点钟了，上街购菜，因为中午要供应工人们的饭菜，免费的。

午茶多是镇上的人喝。工商界人士到茶馆谈行情，协商行业事项，有了小纠纷，朋友之间，不能立即解决，就去“吃讲茶”，意思是茶以敬客，讲开算数，因为约定的地方多半是双方常去的茶馆，于是就有了“吃讲茶”。这办法原意并不坏，而且是极端和平的方式，要把大事化小事，小事化无事。可是弄到后来，一些“白相人”掺和进来“吃白相茶”，敲诈勒索，霸道舆论的事儿常有发生，一般正经人都怕去茶馆，不过，这时已是民国末年了。

喝夜茶的人多半是为了听书。南浔的书场设在茶馆内；水乡的人都这样，既是茶客，又是听客。万新的评弹很有名，300平方米的书场，可容纳400多人。阿华老板经营万新后，经常去苏锡沪请说唱先生，确定了一档阵容后，四栅便贴满了海报，远近码头的人就全知道了。1957年尤惠秋、朱雪吟双档在万新楼弹唱《梁祝》，赶上三伏天，几百把蒲扇一块摇，离得远的人根本听不到。其实，也未必要听清楚，能在弄堂口听个免费的“壁角书”，感觉也挺不错。几十年过去了，老人们扳开指头说响档，还历历在目：说大书的，顾又良讲《三国》，陈晋伯说《包公》，沈笑梅唱《水浒》；弹小书的，刘宗英、蔡小娟的《法门寺》、《拜月记》，陈命安的《珍珠塔》，刑瑞庭的《三笑》，龚华声的《玉蜻蜓》……

研究古典文学的专家们说，茶馆说书，甚至所有的古典文学，就其内容来说，不外乎“闺阁千金有宿缘，私订终身后花园；落难公子中状元，御赐结婚大团圆”之类，但上一辈人一说起它们，仍然充满了满足和幸福。社会学家说那是“代沟”，文学家讲那是“乡愁”，历史学家认为那是“沉淀”，其实，就是现代人对历史轨迹和未来走向的一种反思。人文地理学中有一种观点：城乡与乡村是两种不同的社区形式，从生产发展的角度和人类生存条件来看，城乡各有利弊，两者都不是人类理想的居住区。乡村城市化过程就是要求城乡两极同时向对方的优点转化。在这一思路下，乡村茶馆引发起人们思古之幽情。北京的张企程乡亲在建议重修东栅“分水墩”时提出这样的想法：在分水墩上建一个露天平台，供游人饮茶观景，同时可出售青熏豆、熏豆茶、咸豆浆、猪油定胜糕、猪油灰沙粽子之类很有特色的美味食品。总之，可办成一个供人娱乐的茶社。另外，东大街靠河边应开一家茶馆，供游人在那里一边喝酒饮茶，一边观看河上景色。1996年7月下旬，日本名古屋大学国际开发科研究员斋滕美和子专程到南浔考察乡村茶馆。她以为：“南浔如果有一两家典型的江南茶馆，对经济和人际的作用都有好处，对近年建造的那些生硬的现代建筑材料堆砌的环境，也会起平衡作用。因为光有一些建筑群而没有不同层次的人际交流场所，一个城镇是没有活力的。”①茶馆，这是民族的文化，但是，惟其是民族的，才是世界的。恐怕这不仅仅是历史的寻根，而是在摸索历史与现代的对接方式。

原本大户人家

洗粉兜里的徐家，祖上不要说了，到徐迟父亲徐一冰这一辈，徐家也还算是大户人家；当我们说到徐迟的时候，只能把他归到寻常人家这一档了。

1914年10月中旬，徐迟出世的时候，父亲徐一冰还在北京。徐迟之前，母亲生下三个女儿；一冰接到报喜的电报，知道是个男孩子，喜不自胜，立即辞职南返。那年冬天，便义卖兴学，创办了贫儿院；贫儿院办起来了，徐家却从一个小康之家变成了一个无产者，连家也迁入了贫儿院；于是，徐迟能够“幸运地”与来自南浔社会最底层的贫儿们生活在一起。

① 本节涉及到潘慧如：《故乡的熏豆》，劳国强：《万新百年话千秋》，徐晓红：《烘豆青青》，沙金：《阅报社与南浔茶馆》，寇丹：《异域口音说南浔》，徐元龙：《忆南浔木业界老前辈庄金宝光生》，分别见《南浔通讯》1998年1月20日，2002年11月12日，1999年9月25日，2002年7月8日，1996年8月31日，2001年4月20日。

贫儿院的饭厅里贴着一幅对联，是治家格言："一粥一饭，当思来处不易；半丝半缕，尝念物力维艰。"徐迟从小就受到了这样的教育：吃饭时若有一粒饭掉在饭桌上，必须捡起来吃掉。院里对徐迟吸引力最大的是铜管乐队，沈教习指挥时，他就挤在乐队里倾听，听着听着就梦想当音乐家。童年的记忆让后来的徐迟很快迷上了西洋音乐，20世纪30年代在马家港高小教音乐的时候，他讲解乐曲，放唱曲，让孩子们听。他坚定地认为：文学工作者应当除了文学之外，至少可以有对另一种姊妹艺术的爱好，乃至要相当地精通它的必要。后来虽说成了作家，他还编译过三本音乐史书，也算是对童年的志向有了交代。

徐迟寻访东大街故居

1922年冬天，父亲突然去世。徐迟后来在回忆这位"现代体育家"时说，与"父亲的去世给了我最沉重的打击"相比，他最怕父亲严酷的"这个"——"火爆栗子是以握紧的拳头突出了食指骨，专打我的前额"——但失却了父亲，却并没有让他成为一个从此无法无天的人，相反，作为长子，徐迟逐渐感到肩头上的责任越来越重。在父亲的追悼会上，只有他和止弟站在台上，代表家族接受出席者的吊唁。台子很小，母亲和姐姐只能站在台边。从中显出男孩子的身份多么不同，而长子尤为重要。

父亲生前有几个很信任的朋友。其中有个许家伯伯，叫许开甫，受父亲的委托，在上海管理体操学校，结果花天酒地，席卷公款而逃，后来他又厚着脸回来了，父亲竟还留用他做校务。在贫儿院里，他信任这个"矮脚狗"，却正是这个"矮脚狗"继任了贫儿院的院长，在前任院长尸骨未寒的时候把他一家撵出了贫儿院，让他们住到只有三间小屋的洗粉兜20号。母亲说，"宁可搬出去，也不愿赖在院里看人家的面孔，听人家的闲话！"徐迟明白：母亲是叫人家看看她的骨气，因为她还要在贫儿院里工作。人要有骨气，做起事情说起话来，就硬梆了，不怕人家说闲话。事业上的挫折，繁重的工作和贫困的生活，一下子出现在年仅40

岁的寡母面前，这需要多大的勇气，才能战胜这种凄苦的命运。母亲坚定、倔强，多少年之后，徐迟的脑海里还时常浮现出母亲眼睛里韧忍的冷冻冰光。洗粉兜小屋矮小、湫隘，只能勉强住人，冬夜里最狼狈：中间屋的两扇落地长窗关不严，只好用绳子缚了一大厚本的洋书挂在门上，以防备北风的启闭。在这一间屋子一住就是5年，直至1927年秋。

徐迟读书的丝业小学偏近南栅。每天早晨，从洗粉兜出来，沿着东大街经过著名的洪济桥、通津桥，在泰安桥折南，穿过已经“醒来的”丝行埭，东张西望之间，学校便在眼前了。父亲没了，但威风似乎还在：男孩不要贪玩；母亲不时地唠叨：“阿迟，你要用功读书，家里就等你读好书，长大成人，振兴家业，总要做出一番事业来。”阿迟将这些话牢记在心。1924年秋天，徐迟从丝业小学毕业，进了“精勤学塾”，就在丝业小学隔壁。这是一个新式学校，教师只有那么三五个，却都是名牌大学的优等毕业生，采用新学制、新教材、新教法。国文讲长篇小说《块肉余生述》，里面传出了一股英国文豪描写的带橙子芳香的牛奶味的崭新气息，这气息透出一股西方的人道主义精神；英文教师李庆升先生是东吴大学上海法学院分校的法学士，毕业是戴上了方帽子的，口才之佳也是当时南浔镇上谁也比不上的，而他选的教材竟是英国人杰尔斯（Giles）编写的《现代中国》(Modern China)，一本宣扬西方民主精神和三民主义的书。在清新自由的空气里，徐迟接触了《七侠五义》《江湖奇侠传》《血滴子》等武侠小说以及福尔摩斯·亚森罗频、人猿泰山等一些外国亚流小说，也为周瘦鹃等人的“鸳鸯蝴蝶可怜虫”陪了不少眼泪。在精勤学塾里，徐迟的书读得实在是太好了，仅仅读了两年，到1926年南浔中学成立，经过一次考试，便成为全镇最高学府的初中三年级学生。多少有了点出息了，便突然萌发了一个主宰了他一生的念头：将来要做文学家。为了实现这个梦想，课外的徐迟便看小说、读新诗，挺像回事儿的。可是不久，1927年初，国民革命军来到小镇，要组织学生联合会。校长认为徐一冰的独生子应该有这类壮志、意气和声望，便指定了徐迟。从这年的三月份开始，学联与妇联合办“三八”妇女节庆祝会，与工会合办“五一劳动节”庆祝会，之后是“五四”、“五九”、“五卅”……都要开大会。“双十节”的提灯会让徐迟大出了风头：在万人攒动的广场上，小旗猎猎，他登上高台致开幕词。实际上，这时的徐迟连自己正在干些什么都有些莫名其妙，好在学联马上就结束了，他又回想起自己的正经事了。

1927年秋季，徐迟来到上海光华大学附中，觉得它比不上南浔的报国寺，失望之中，第二年春天，附中却给了他一个惊喜：不但见到了前来展览油画的艺术大师徐悲鸿，还有大诗人徐志摩解读。“他的话，我是第一次听到，真正是美得很。徐志摩的潇洒风度，他的神采、心灵有一种说不出的味道，他给了我一种无法描绘的尊敬之心和永远也忘不了的惊喜。”这一惊喜让他对徐悲鸿的画有一种“顿悟”。光华毕竟在上海，可以满足这位文学青年的欲望，在那里，他知道了人文学家罗隆基、潘光旦，喜欢上了热情奔放的郭沫若和风流潇洒的郁达夫，模仿起了冷峻的鲁迅和乡土气息浓厚的茅盾……

或许因为文学闲书读多了，功课受到影响，于是转学到江湾持志大学附中，心想混一张文凭算了。可就在这年春天，近旁的江湾游泳池激活了这位水乡少年。1928年春季那学期，游泳成了他的主要功课，并且成绩优异。他爱上了绿油油的淡水，一心

为他导向的还是那故土小桥之下的经年流水

想变成一条鱼，甚至觉得世界上还没有一条水里的鱼，能像他这样依恋着它的水。江湾游泳池，终究还是死水，真正让徐迟如鱼得水的还是故土的活水，那水来自天目山，昼夜不舍地流向大海。小镇不缺水，到处是弯弯的河港，清净的湖泊。那年暑假，从江湾回到南浔的徐迟，几乎整日泡在清凉的水里，俯游、仰游呵，自由式、蛙式呵，潜水、跳水呵，无比的欢畅。有一次，从鹧鸪溪一口气游到南栅的市河中，过兴福桥、便民桥、大桥、新桥、东吊桥、闵家桥一直游回洗粉兜。入夜，登上凉爽的楼间，从后窗望出去，灯光闪烁，庭园无语，一派安祥。如此美丽的环境净滤了徐迟的繁心杂念，赶走了一年来的种种沮丧，让他重新振作起来：必须进一个确实可靠的学校，再不能在持志附中鬼混下去了。1929年秋季学期，他考入了东吴附中。苏州东吴是美国美以美教会办的；以文教、卫生的友好使命，来到古老中国，传布新时代的文明的教会，已在这里经营多年了。在70年风雨兼程之后，徐迟对东吴的评价已经上升到十分理性的程度："他们是文明使者，是引导我们进步的多种因素中之一种。"在这样一个各项规章制度都很完备的学校里，徐迟大喜过望。不说别的，单是大学图书馆，跟富于藏书的南浔相比，还是丰富多了；书是开架，附中学生一样可以进，即使许多书他还无法读懂，就这样，他的学问已扩展到一个广阔的领域中去。后来，徐迟庆幸："东吴附中挽救了我，我从一个差一点儿学业全部崩溃的危险境地里，稳步走上了一条平坦的大道。"他感谢东吴附中有着完全的理由，可是他意识到没有：在生命的交叉点上，瞑瞑之中为他导向的还是那故土的小桥之下的经年的流水？似乎这是一个普遍现象：流落在外的游子在心灵受到伤害之后，首先想到的就是返归故土，在曾经的乡道上稍作停息，便发现了通向外部世界的新的起点。其中的神秘之处，在功能主义思想家看来，那是因为在血缘和地缘关系的熟悉网络让他重新找回了自信。可是法国结构主义人类学家列维·斯特劳斯（Live-Strauss）进一步追问：隐蔽在这熟悉的关系网络之后，难道没有人类共同的思想结构吗？倘若存在这样的思想结构，那真是潜意识的了。既然是潜意识，一般就不会被人们明确表达出来。自称"被东吴附中挽救"的徐迟，此后的几年确实走得很顺利：本来准备读东吴大学，紧接着"九一八"事变爆发，参加援马（占山）团而滞留北平，1932年春季学期便在燕京大学借读。下半年秋季学期开始，一个意外的变故却让18岁的徐迟失学了，——镇上的张家钱庄倒闭，家里没有钱供给他念书了。

原来，父亲去世的时候，没有给家里留下

一分钱，但他有几千个门生，门生以及亲友们致送的赙金为数不少。前来主持丧事的舅夫，是一位理财专家，为父亲治丧，量入为出，精打细算，丧事办完，留下一笔两千银元的款子，几乎可以供子女们读上大学了，便存入张家钱庄。张家钱庄的店主张葱玉，是一位著名的藏画家。张家本是“四象”之一，钱庄倒闭以后，为了保住自己的良好声誉，就把他的大部分藏画卖出去了，大约卖了十多万银元，用这笔款子赔还了存款的户头。严守信用的张家如数支付了徐家存款，徐迟得以重新报考燕京大学，入燕大英文系，后来因故转学东吴大学，在那里结束了学生生涯。对于有如张家钱庄这样的地方金融组织，形式经济学理论家恐怕是免不了要怀疑其信用程度的。一个小镇的钱庄在世界资本主义浪潮的冲击下，轰然倒闭，店主竟然冒着倾家荡产的风险，毅然按序理赔，人们几乎认为它是神话了。然而事实是，神话成了现实，传统中国的诚信观念在近代世界市场经济的骇浪中，在江南地方社会之一隅寻求到一个可以泊碇的港汊。这样的生计经济应该由人类学家来研究，因为它们擅长于解释不同空间、不同文化样式的实体表现，而不是在传统与现代的二分框架中简单地将各种复杂的经济现象定位。

张家钱庄倒闭，徐迟赋闲小镇的半年，无论在生活，还是事业上都出现了意外的惊喜。还是在洗粉兜的金家楼上，静绿山庄——张家花园的秀丽景色尽收眼底。门前临河，堤岸修得整齐完美，张的后门头种植了一行列的大树，也可以在树下散步。这里是一个诱发诗情的所在，于是，徐迟有了一些诗作，投了几次稿，却石沉大海，也许还缺点什么。对于青春期的青年来说，最有内容的莫过于恋情了。1932年春天，徐迟认识了一位叫桂丽慧的女孩子，浔中的初二年级学生。南浔本是江南富镇，且有外贸生意，也就有一些新风尚，没有公开的自由恋爱，却并不很保守。三月里星期天，风很柔和，镇外的田野里，便有了一对小情侣。那时的野外，颇多大户人家的坟园墓地，风景楚楚有致：一座小桥跨过乳白色的河水，蜿蜒进入小村落，村子隐映在茂密的桑林中，桑椹子都浮现了一点点的红色，甚至紫色，野鸽子伴着野鸽子，从水中的白云间飞近来……此情此景，不正是一首诗吗？在徐迟的后半生，有一首题为《在苕雪的溪水上》的诗，不止一次地被他编入诗集，因为诗里有徐家的周边景观描述：东栅，吊桥弯，洗粉兜，有这样佚丽的名字的地方；也有桂家的周边景观：兴呵福呵的小桥与小巷；原来她就住在南栅兴福桥下。这样的日子持续了四五个星期，却因为徐迟“做了一件极蠢极蠢的蠢事”戛然而止：为了表示对她的忠诚，在一封“效忠信”里，他向她承认，在一年前的春天里，在北平的时候，认识过一个姑娘，并在清明节后一天，一起在大学里玩了一天。不过，他强调：“我们之间是没有什么事情的，就只是见了一面，通过一些信，仅仅是一般朋友而已。”初恋的桂丽慧哪里宽恕得了这种“变节”，一段时间里，她似乎消失了。一次，在交界坝桥下，突然见到她从对面走来，她一见他，脸色就变得阴沉的黯淡了，回头便走。那惨痛的眼色竟使他没有勇气去追她。他怅然望着她的背影，消失在长街的尽头。

徐迟生起一股无言的悲哀，他说，“我多少也从这事接受了一点教训，不必要的忠诚，反而败事。”能把这句话说出来，已经证明他无法避免重蹈覆辙，不然，他怎么会“忠诚”到把这么“阴暗的”教训坦诚出来呢？

情场失利，却换来了心灵升华和诗歌事业上的最初成功。徐迟将一组组新诗投向上海《现代》杂志，一个尽可能地发出一点时代声音的好刊物。但寄出一回，退回一回，多少次了，终于在退回的诗上，出现了一行字：

不要失望，再寄。

蛰存五月四日

多么美丽的一行诗呵！在南浔小镇洗粉兜

原来她就住在南栅兴福桥下

与上海的大马路之间，总算有了呼应。不久，就有第一首诗被放在一组诗选中刊登出来。神圣的文学之门被一位文学青年叩开。这位伟大诗人日后所取得的文学成就在一般的文学史课本上，自然有评论家细细评说，但以上一段叙述可以作为教科书中的惯常介绍——“徐迟，浙江湖州人”——之后的一个相关链接。

1934年6月底，已经发表了许多作品的徐迟突然发现，自己已经是作家，怎么还在东吴这样的学校读什么逻辑学之类的书？退学！自动的，也是自愿的：因为家庭经济困难，他把继续深造的机会留给了弟弟。于是，他又回到了江南小镇。

小镇的生活是一个整体：自然与人文渗透，传统与现代，罪恶与美德，由此构成的网络笼罩了所有的小镇人。多少年来，徐迟出没于小镇内外，接触到更广阔的世界，准确地说，他的心已经不属于这个小镇，但只要他生活在小镇，就难以挣脱社群之网。由此注定了真正开始婚恋生活的徐迟必然要经历一番痛苦的挣扎。

退学回到南浔的徐迟在马家港的高等小学校做了一名教员，这年他20岁；在学校“艺大班”一个名叫屠敏和的学员，吸引了这位20岁人的专注，当然，屠敏和也爱他。他认为这就够了，别的纯属多余。但镇上的公共舆论却不这么认为：徐屠两家门不当户不对！又一个门当户对，——20世纪30年代的传统中国人，当然也包括南浔仍然遵循的基本婚姻原则——对这位现代青年人也适用？是的，徐家被屠家断然拒绝了，但他还抱着一线希望：只要她愿意，谁也阻挡不了她！即使镇上还没有先例可援，难道我们就不能创造一个先例，我们可以远走高飞，离开这个封建的樊笼。在一个星期天的上午，在学校篮球场上，屠敏和给了他答案：我怎么能自己决定呢？这就是南浔——《故乡》：

故乡曾是木舟在碧云碧水里栖止的林子，

故乡曾使我的恋爱失落在旧道德的规律里，

我从故乡出走的时候，

蚕虫在吞食着桑叶，

又到处是流长飞短的对我的恋情的叱责。

1935年秋凉开学，徐迟随班至南栅报国寺的中学教书，路远了，但每天放学回家还要经过高等小学，在这里总习惯停一停，不过不是为屠敏和，而是高小新聘的一个美术老师，无锡人胡文琴。他们的关系发展得很快，不知不觉就谈到了可否订婚的问题上来，她说放寒假回家，要和家里商量一下。又是家庭！徐迟的心里一沉。寒假里，胡文琴从无锡来了信，信中说，她母亲问到徐迟家境如何？她说她据实讲了。接着婉转地说她家里并没有表示同意。他明白了旧的道德怎样地束缚了几乎是所有的中国女子。这一次，他非常平静地断然斫断了与胡文琴的情丝。

不过，徐迟的心多少感到有些孤独。1936年一个冬日，当一条载着四人的小舟在小镇冬日的晴川上荡悠的时候，他的心旌也一起摇荡起来。四个人都笑，而笑得最清脆和最愉快的是那个17岁的少女，好像一个钢琴家在抓着一架大钢琴的键盘，一抓就是大把大把的琴音，

笑得最清脆和最愉快的是那个17的少女

一放又是一串一串的颤音。笑声把整个田野、流水和晴空都震动。少女叫陈松，她似乎蕴藏着无限的力量，把欢乐装满大地和宇宙。他的心已被她整个儿地占领。不过，徐迟最关心的问题是："你是听你家里的，还是听你自己的？"17岁的少女坦然回答："我是我自己作主的。"

实际上，问这话的时候，徐迟对陈松的家庭还一无所知。说起来，陈家也是一个有身份有家产的家庭，祖父在丝行埭开有一家珠宝店，不过到陈松出世的时候，家庭几乎崩溃了，变成无产者了。徐家因为毁家兴学，陈家因为子孙不肖，两家都成了无产者，——这下门当户对了，很快订婚了：在《南浔周报》登出了订婚启事，在东大街的怡丰园酒家请了两桌客人，在怡丰园里拍了照。1937年元旦，是他们的大喜之日，一个骚动不安的青年，终于平伏安定了。他现在有了一个漂亮妻子，用不着再去追求异性；他在上海财务机关有了一份工作，混生活没问题了；工作之余还可以写作、翻译，名利双收。夏日里回到水乡，更加惬意。在宜园的四面厅，荷花池畔的藕香榭中，在九曲桥上，在湖心亭里，在听雨轩里泡上绿茶，与从外地返回的大学生们聚首畅谈，涉及的主题很多，但谁也没有在意阴险凶残的日本人正在向大上海集结。就在"八·一三"那天深夜，徐迟回到上海，亲眼目睹了"八·一三"神圣的

抗战！11月10日，日寇从金山卫登陆，战事急转直下，长江三角洲的重要城市相继失守，上海成为孤岛。1938年的5月上旬，徐迟一家前往香港，离开了上海，离开了小镇，这一离竟是整整八个年头！流亡在香港和重庆，直到1946年3月抗战胜利回到上海，回到小镇。那年8月，为着“庆叔”的60大寿，徐迟又一次坐上了回乡的木船。他差不多有十年没有乘坐这样的拖船了，也十年没听到过船舱中那最熟悉的、柔软的乡音了。浮在水面上，他听到汩汩的水声，感觉到水波的节奏，摇晃的感觉。想到贺知章的“乡音未改鬓毛衰”，才恍然大悟：这已经是10年之后的40年代了！

庆叔徐轶唐与父亲徐一冰一道建立了徐氏宗祠，修了徐家宗谱，完全是族长的地位和身份了。在父亲忙于贫儿院时，担任中国体操学校的校长，现在是商会副会长，可以说是徐氏家族在南浔的代表人物。22年前，徐迟四年级时与一位屠老师发生冲撞，闹得很僵，母亲请来庆叔：“你一定要听庆叔叔的话”——“对老师要尊敬的”。徐迟便不作声了。如今，庆叔60岁了，辗转大世界，已经成为作家的徐迟，对于他的庆叔产生了一种完全异样的感觉，他一直在想：庆叔知不知道，什么是生活的意义？不止是庆叔，他还要追问：这些“从尘土中复活了起来”的父老乡邻、百业商人，为什么他们还是那么小里小气，狭隘自私，甚至尖酸刻薄，十年来发生了那么大的变化，似乎一点也没有改变他们的观念和生活。

追问平民百姓的生命意义，有如凭吊江南小镇的战后废墟，睹物而生情。“田园将芜胡不归？”回到南浔小镇，在浔中重操粉笔生涯，还有“一个近因”：一个星期前，平民教育家陶行知先生突然去世。“死了一个陶行知，将有成千上万个陶老夫子出来接起他的教育事业的火炬。”这句话给了徐迟一个特别深刻的印象。他想，作为一个教育家的儿子，应该成为“火炬接力者”之一。浔中恢复后不久，老师们去了一趟沪郊的大场镇，陶行知首创的育才学校迁到了那里，那里正在实行“小先生制”，“小先生制”相信孩子的潜力，面向基层百姓，“即知即传人”，影响很大。老师们参观的时候就说，也要让我们的学生当小先生，办义务学校。1947年秋季学期一开始，一下子就出现了20多所义务夜校，收了400多个文盲。学生们白天正规上课，晚上当小先生，大先生过问过问，他们还不乐意，挺能！一年之后，经过检查，被保留下来的一批小先生夜校决定将触须伸入到附近的农村，办起了四所乡校，分别在上林村、申家坝、瑶田和墅叶滩；带头办乡校的先生与农民同吃同住同劳动，但徐迟始终没有能够深入下去。坦率地说，对于乡校，那时候他的思想很朦胧：为什么办乡校？怎么样办？要办成什么样？其实这与徐迟对于“小先生制”的一贯理解关系很大：远水救不了近火，这只是一时应急的权宜之计，列不进教育制度的；它的意义主要在于培养青年学子的学业和社会意识，以及办事能力。至于乡村在“小先生制”下的影响，这位镇里人信心不足，所以他说，“和农村建立联系起来，这样的想法是有点气魄的。”

作为诗人的徐迟对于江南小镇始终充满兴趣，在其兴趣的意义上，小镇的概念断断缺不了乡村，因为在他看来，周围的水乡也很可以踏青一番，还可以采访采访农民生活。

菱湖也是湖州的一个镇，在水中央。1947年冬天的一个周末，十来个老师在菱湖一晚又一天，参观了不少建设项目。回来后徐迟还在《南浔周报》上写过一篇特写，可写了什么完全不记得了，晚年能回忆得起来的，只觉得菱湖真清，菱网真绿，菱角真香……

1948年三月初，国民党快不行了的时候，徐迟来到国民党总裁蒋介石的故居——奉化溪口，也是一个江南小镇，四面青山，翠竹成林，小溪曲折，水声叮咚，噫！真美！一个月后，老师们又想去遥隔太湖的东山，那是苏州的一个岛镇。在东山法海寺的松石山房里，就着碧绿的“碧螺春”，徐迟诗如山溪，汩汩而溢：

这茂密的果树林所组成的村镇，

这漫山漫谷果树林的东山啊……

按照徐迟发现的规律，33至40岁这八年，是他生命的第五个轮回，正处在“生命最重要的转折点上”。当此时，他却如此从容地悠游于江南小镇之间，真似乎有些不可思议。其实，早在决定回南浔之前，徐迟就在上海向董必武副主席请示过，董老告诫他：先回到地方，时间或长或短，耐心等着就是。到了时候自然会变化，自然会有你的工作做云云。这些话他牢记着，静观时局之变。1949年5月，南浔已经解放，徐迟从报上得知：第一次全国文代会将在北京召开，心中怦然跳跃起来，这个会可是非参加不可的。5月20日，一条小船停在学校旁边的石埠边上，徐迟跨上船，橹便摇到毓秀桥下，到东交界坝桥，弯进市河，一过泰安桥，已进入运河，穿过大桥和新桥，至东栅，出了分水墩，离开浙江省，进入江苏省。船儿摇荡着，心儿也摇荡着，徐迟柔肠寸断，他想：恐怕是不会回来的了。[①]

① 此节材料来自徐迟：《江南小镇》，作家出版社，1993年。

妇道人家

光绪年间，慈禧太后于京师西苑门禁御之中建“绮华馆”，专门织造丝绸，以示重视农桑。据称，湖州一批精于蚕织的村妪里妇被选召入宫，专门教授宫女饲蚕和缫织技法。一首《清宫词》即记此事：

桑园深锁绿阴酣，油盖安车重祀蚕。
召取吴兴村妇至，绮华馆内染云兰。

此后，每年三月的一个吉日，皇后亲蚕礼，率领妃嫔两人、公主、福晋、命妇七人，祭祀蚕神嫘祖，嗣后，宫女、蚕妇随从采桑，在绮华馆内表演一番蚕事。

蚕妇怨

表演的蚕事是作秀，而生活中的蚕妇是劳作的。清代纪松的《蚕妇怨》为我们描画了一幅千里之外湖州南浔小镇蚕妇们的真实生活图景：

出门采柔桑，入门饲蚕忙。
桃花已落尽，夏景日渐长。
家家试新火，户户早凝妆。
有郎不同宿，有酒不能尝。
中宵频起看，揽衣独彷徨。
吁嗟乎！辛苦倍更长。
初眠蚕在房，再眠蚕在堂。
三眠蚕欲老，累累茧盈筐。
虽则茧盈筐，焉得遂成章。
五日缫为丝，十日织为锦。
杼机夜雨寒，刀尺秋风紧。
双眼花，双手胝，千辛万苦一丝丝，
来朝剪取拦街卖，卖向花街游冶儿。
游冶儿，娇且痴，子无裤，妻无衣，
杨柳堤边枫桥月，换得红颜一解颐。

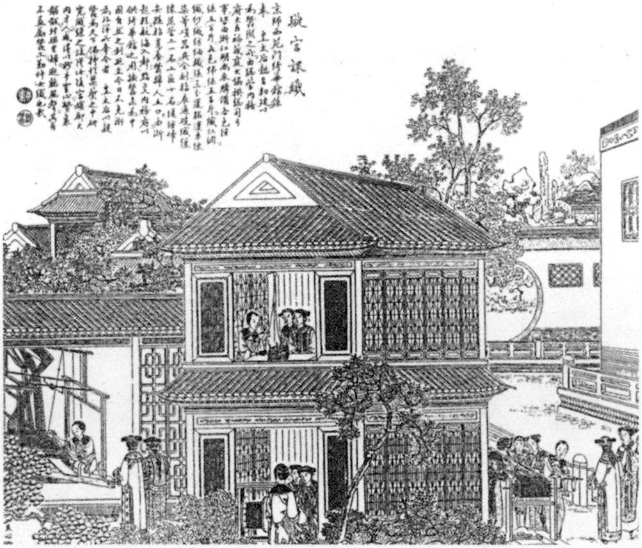

《璇宫课织》京城的西苑门绮华馆是奉皇太后旨意设立的，专门负责织造丝绸，由总管内务府大臣负责。所用原料、工具以及丝工、养蚕女都是从浙江一带采购或招募来的

饲蚕中几乎每个环节都是紧张而忙碌的，比如喂桑叶，清董恂《饲蚕》道：

蚕起蚕饱不可过，早起饲蚕何敢惰。
只愁饥后断丝肠，那顾女啼与儿饿。

蚕妇听来，“沙沙”的蚕食声，有如碎雨敲窗，令她放心：

夜半停灯梦未成，倏倏响送耳边清。
错疑细雨筛窗纸，恰是春蚕食叶声。

蚕妇的喜怒哀乐就这样与蚕事的吉凶息息相连。一首《廿四份蚕花稳牢牢》[①]叙述了一位蚕娘烘焦蚕种的意外：

树顶头上鸕鸪叫，
看蚕娘娘嘻嘻笑。
白米饭嫌怅糟糟，
黄米饭赚怅糙糙。

① 有关歌谣见金江波编：《浔溪文苑》，当代中国出版社，2001年。其中的《廿四份蚕花稳牢牢》，编者将有关地方俚语进行了解释。嫌怅：嫌弃；析析燥：烘焦；讨布梢：讨蚕种；翘辫子：骂人的话；打灶：预卜吉凶的仪式。

买只笋来肉来烧，
一吃吃得拍拍饱。
一困困到清清早，
三两蚕种析析燥。
被个男人家拖牢脖颈打得咯吱叫，
蓬头赤脚到娘家去讨布梢。

因为失晓而烘焦蚕种，便被丈夫“打得吱吱叫”，只得来到娘家讨要蚕种：

头墙门敲敲小狗叫；
二墙门敲敲姑娘见了阿嫂叫；
三墙门敲敲娘见女儿叫；
丫头，丫头，
你今朝来得真扣巧。

讨得蚕种很快忘记了对丈夫的怨气，回家的路上，不忘求签占卜，盼望蚕花廿四份：

又拜土地又拜灶，
糕唠馒头吃勿到，
撬一撬，包一包，
回到屋里你个翘辫子勿要朝我笑。
你啥唠昨日打得我来咯吱叫，
一走走到家浦桥，
求一签，打一灶，
廿四份蚕花稳牢牢！

蚕花，本是江南蚕娘簪戴的一种红色纸花或绢花。传说春秋末年的西施赴吴国途中，遇见十二个越国采桑的姑娘，就给她们每人分送

西施的祝福：十二分蚕花到农家

阿嬷还要手工打绵线，就像这位“三娘娘”(丰子恺)

了一朵绢花，祝福道：“十二个姑娘十二朵花，十二分蚕花到农家。”这一年越地蚕茧大丰收，蚕花便成喜气和丰收的象征，“蚕花十二分”成了蚕茧丰收的祷辞，“廿四份蚕花”则是双重祈祷。清明日蚕娘们戴上蚕花，清明过后，珍藏于家中，直至掸蚕时再把它插在蚕匾上。几百年来，南浔的蚕妇一直这样生活着。近代以来，南浔农户受蚕丝出口的刺激，更加看重蚕事，“一郡之中，尤以南浔为甲”，四乡“无尺地之不桑，无匹妇之不蚕”，农家有“缫丝莫精于南浔人”之谚。官至黑龙江省委副书记的李根深，1930年出生在浔溪南栅，60年之后，故乡忙碌的蚕妇身影还常常在他眼前晃动：每日，天还未亮，阿嬷（婶婶）就早早起床开始操劳，有时是外出采桑叶，有时是在农家小院里喂牲畜或烧饭。在我的记忆中，曾是我祖母养女的阿嬷，从来就没有空的时候。忙了早稻又要忙晚稻。家乡的农家主妇更忙的是在那些蠕动不已的蚕宝宝，蚕宝宝不好侍候啊，苍蝇、蚊子一叮就要坏茧，所以阿嬷整日里忙个不停地打扫蚕房的卫生。蚕宝宝上“山”做茧了，阿嬷又忙着烫茧、剥茧、烧丝。稍稍有点空，阿嬷还要手工打绵线，织出一块块白里带黄、有着一个个茧迹的土绵绸。这土绵绸看着不咋的，可用它翻上丝绵做成的被子，盖着真舒服，整个儿包裹着人的身体，那柔软，那温暖，真是难用言语诉说。[①]

《南浔通讯》，一张社区小报，在转载这篇回忆文字时按：文如其人，质朴无华，令人一读三叹。

婚姻的妇道

在传统社会中，对一个女人来说，婚姻不啻是第二次投胎。一个地方的婚姻之道，既是妇道的一种礼仪表现，也是妇道的实践过程。

① 李根深：《清远湖山见故乡》，《南浔通讯》1997年12月7日。

婚礼在我们这个尚礼的国度里，受到普遍的重视，地方志书上都会认认真真地写清楚一套程序，惟因各地情形不同，略有增删。汪曰桢《南浔镇志》载：男女议婚，初聘后，“迎妇至门，饰童男女二人，燃灯向舆，谓之迎花辂，妇出舆，婿与妇堂前参拜，谓之拜天地，亦曰拜堂”；用红绿绸作结，婿与妇各执一头，“牵绿交拜，谓之结亲”，择少年二人擎花烛，佐以鼓乐，“引妇入室，并坐床，进两卺，各举饮之，谓之合卺杯酒。”这里是从“迎亲”一节开始的，在此之前的“纳彩”“纳币”和“请期”，与其他地方说不出有何分别。徐迟的母亲为他张罗婚事时，是这样“纳吉”的：母亲接受了好几个候选人了，她们一般都是由媒人送来一张张的红纸，上面写着某某姑娘，写明姑娘的出生的年月日的干支八字。母亲把这些红纸压在楼下大厅正面，在一长条桌中间，一只朝南方向的有钟摆的自鸣钟的底下。母亲还暗自找来了算命先生来占卜这位那位姑娘和我的命运是否有缘，能否结合。可是徐迟宣布：我是要自由恋爱的。母亲暗中叹气，在这个问题上儿子很不孝顺！“孝”这个传统连同“纳吉”，一到20世纪便已开始中断了。

真正有分别，或者说有地方特色的东西，不是这些原则，而是实践这些原则时所发生的细节。吴阿平口述的歌谣《唱只山歌响吟吟》隐去了媒人，通过男女主人公营造的氛围，艺术再现了议亲时“讨年庚”的场面：

（女）唱只山歌响吟吟，
塘港里摇船勿要起横心；
泼湿我花鞋有拉得换，
泼湿我细花万万爹娘骂。
（男）丢掉橹，落掉蓬，
伸出只手来讨年庚。
（女）年庚勿是河滩头出，
等我兄弟读书回转写年庚；
兄弟勿肯娘做主，
娘勿肯来再商量。
问你郎君田地哪样能？
（男）高田自有三百亩，
低田自有十八只圈。
（女）问你屋里房子哪样能？
（男）三十六间连片屋，
八字墙，马头角。

有趣的是，讨年庚是占验婚姻之吉凶的，“细花”姑娘却十分关心郎君家的田地状况如何。

1934年的正月里，正在小镇的徐迟赶上了好友桂世璜的结婚典礼。新娘子是在离南浔六公里的震泽镇人，迎亲礼节因此更加隆重，因为这不仅是两个邻镇之间，而且还是江浙两个邻省之间的盛事：

> 迎亲的队伍以小报船领先，小报船也披红绸、结彩带，摆开全副打击乐器的乐队在内，一路敲锣打鼓在水上开航。随后是巨大的迎船，装饰更加华丽。船里的人都穿上节日盛装，女人们都穿上了红裙，上身更是五颜六色。迎船后面还有些贺客乘坐丝网，一路摇橹，摇过六公里的水路，锣鼓喧天地前去迎娶。在起程、途中、到达和离开、回程和到达终点，而后起坡，不知放了多少鞭炮和声音更响亮的火铳。

当时已经是民国二十年代了，小镇受到上海等地影响，偶尔也有自主结婚的了，但其道德律依然相当的严峻，特别在男女关系上，当然婚姻是必须的父母之命，媒妁之言。女孩子要善于女红，具备少女应有的传统美德。除了迎神赛会，她们是不允许站到街头去的。被幽禁起来的女孩，静静地等候命运的裁决。对于男孩子，一般的注意力集中在他们将来挣钱的本领上。哪家的孩子平素少说话，不放荡和常常在学校里考第一名，将来能大学毕业的，就是好孩子。男孩子当然不会去"勾搭"女孩子的。平日，哪两户人家有意思为儿女订亲了。而男家看过照片不满足，坚持着看一看那位小姐的本人，那时候他们就都去园子的主人家，向账房索取游览券，约定日子。像欧洲人在歌剧院看亲一样，这镇上的年轻人是到花园里去"相亲"的。由他们的父母伴着他们。[①]这样的做法，似乎比男女双方在洞房里第一次见面要好些。

父母决定、媒妁介绍、公园约会，诸如此类，其实还是程序上的事儿，关键的内容是门当户对，浔俗："男女议婚大率以门楣为重"，"无论业贾业儒，必求门户相若"本质上是财富和社会声望的相当。在镇人眼中，"象""牛""狗"之间的联姻似乎才是合适的，事实上也就像人们期待的那样。刘家与邱家、邱家与周家、沈家与庞家、庞家与张家……盘根错节的婚姻关系缔结成南浔上流社会婚姻圈，当然，这些富家豪族与外部社会的婚姻纽带也栓系着相应的门户。据苏州夏冰先生提供的资料：南浔刘氏与苏州迎春坊张家、三茅观巷沈家、中由吉巷陆家等各大家族都有联姻，苏州名绅彭蕴章、吴郁生、盛宣怀、潘盛年等都是刘氏的

① 徐迟：《一个镇的轮廓》《徐迟文集》(卷二)，长江文艺出版社，1993年。

姻亲。读到以下一段介绍刘锦藻墓地的文字，我们真正地惊讶于门户影响力的深刻：

墓地在南栅外福丁桥潘家兜。……（刘锦藻墓）左昭位为刘锦藻次子刘承业（号勤克）的墓位，有二穴，因勤克卒时（十八岁）尚未成亲，故冥配江苏元和（今吴江）邮传部右侍郎吴郁生早卒之女，迎柩合葬。

婚姻的门户不能简单地视为外在因素的约束，在很大程度上，它也为男女关系的和谐创造了社会化环境。相当的门户以相当的经济实力为后盾，其子女生活于基本相似的家庭氛围之中，获得了大致相同的教育机会、彼此契合的生活志趣以及不相上下的个人修养。由于门当户对造就了太多的不幸，人们往往忽视了问题的另一面：在悬殊的门户之间更难婚姻美满；打破了门户之见，也可能造就冤妇。庞左玉，南浔名门，父亲曾任职于北京交通银行。后来举家迁入上海。左玉1934年毕业于上海艺专，是位才女，与前来为庞家整理书画的樊伯炎自由恋爱，算得上现代爱情。十里洋场里，作为上海戏剧学校的一名乐师，伯炎是个无名之辈，左玉为此有些自卑，想庞家祖辈也是一方望族，如今却落入这等尴尬地步，脾气便有些古怪：她在上海画院和其他人都合不好，只和陆小蔓相处不错。左玉患有头晕病，所以不太上班，但喜好戏谑人。此看似小事情，但在一个不正常的社会里却可酿成大祸。如当时画院唐云走红，她谑之为宝玉；湖州籍画家沈迈士，她认为他呆板，戏之为《红楼梦》中的贾政；贺天健她戏之为焦大……也许左玉从小《红楼梦》读多了，也许因为她是一位才女。“文革”中她的坏习惯仍不改，竟戏谑起最高夫人，大字报一起哄，脆弱的她受不了，1969年3月于上海博物馆跳楼身亡。

好戏谑表面上只是趣味问题，但它的成因以及与婚姻、家庭乃至人生有莫大的关系。也是庞家，庞左玉的伯伯庞莱臣（1864～1949年），家业不必说，以古画鉴赏和收藏闻名中外，趣味不可谓不高雅。他还喜欢听评弹，常常邀请说书人至家中唱堂会。一次，著名弹词女艺人“醉疑仙”来到南浔。名副其实，醉疑仙的书艺和长相妙若天仙，陶醉了庞莱臣，庞莱臣便天天请她到家中唱堂会，并想娶其为如夫人。无奈醉疑仙不愿做金丝鸟，回绝了他。一位身处社会底层的艺人为了所谓艺术，竟放弃了跻身上流社会的机会，这一决定让庞莱臣费解：难道我也受门户之限？

是的，这是一条社会法则。镇上八牛之一的邱仙槎，儿子邱炳华，排行老五，人称“邱老五”，辛亥革命那年头，是南浔有名的赌台

徜徉于南浔的街巷河港之间，常常有一种时光停驻的幻觉

老板。乡谚："乡下是个滑头，到了上海是个木头"，邱老五不信这个邪，带了大把洋钿来到上海滩。他一点也不木讷，竟然从那里带回了名妓"林黛玉"。南浔镇上的纨绔子弟讨回上海滩上的烟花女子，成为当时地方社会的一大新闻。新闻成了旧闻之后又创造了新闻：不久之后，"林黛玉"回沪了。个中情由，言人人殊。杨奕先生确认：此事曾遭到家族的强烈反对。他的分析又一次涉及门当户对的婚姻原则：时值邱家如日中天，首先通过联姻攀龙附凤，光大门户，发展社会关系，起码也要门当户对，以巩固经济地位。从邱家几代人与名门旺族联姻的情况可见一斑：邱家之女曾与富绅刘镛之子刘安澜结为连理，并得到宣统皇帝的御锡旌表，讨了诰封，立了牌坊；又与清朝长江巡阅使黄翼升、清内阁协办大学士徐郙、兵部尚书许庚生、李鸿章胞弟李鹤章等几家结为儿女亲家。邱老五娶烟花女子进门，在如此传统的家庭中是有伤大雅、有辱门楣的事。但久而久之，"林黛玉"终以"金姨"名份跻身邱家。后来邱炳华病故，"金姨"无出，只得又离开邱家，重操旧业。

不同门户的婚姻原则，不仅仅或者说主要不是表现在婚姻的缔结而是在婚姻的维持上。刘镛长子刘安澜与邱氏的婚姻最为典型。先是，两家父辈刘镛与邱仙槎为莫逆之交，邱仙槎将女儿许给刘安澜。邱氏嫁到刘家便扮演起“相夫勖学，勤敬罔解”的角色。可刘安澜29岁上病逝，刘镛“怜其少孀又无子”，遂将锦藻之子刘承干承继给邱氏。于是，邱氏一心抚育刘家后代。刘承干回忆：“吾四岁侍母膝下，顾复思勤，不可殚述，吾母茹悲饮泣，供佛长斋，吾嬉戏于旁，不知母怀之痛绝也。吾就傅，晚自塾出，吾母必进而问曰：今日识字几何，读书几何？又举吾父当日事，絮絮为吾言。迄今思之，此境如昨也。吾十八投室，新妇入门，吾母始有喜色，吾子世炽生，吾母益慰，命以汤饼赀赈粤东水灾，为孙造福，而不料即以次年长逝也。自吾父之殁，我母烦若，抑郁二十四年，追念饮食、教诲，至于（吾）成人”（王先谦《刘紫回妾邱氏墓志铭》）。应该说，刘承干之所以“性好施予”，跟邱氏的为人和教育是分不开的；邱氏尝谕承干曰：“吾家承先泽履丰厚，遇善事而行不力，将为天理所不容，当视为己分应为，毋杂以求名之念。”邱氏1909年去世，享年五十，刘氏家庙内的“钦旌节孝”牌坊即为这位女性而立。在《钦旌节孝刘母邱太夫人墓志铭》中，王先谦对邱氏谕示刘承干输财积德的思想给予的评价很有意思：“非明阴阳消息之几、人事赢亏之数者，不能道也，而出于妇人、女子之口，此其胆量，高出寻常男子，万万可以开群蒙而诏百代！”将一个妇道人家与男人相提并论，这就是对邱氏的最高评价！

通常的婚姻道德是为一般人而设的，不可能规范到所有的人，在规范之外的那些人，社会学家称之为“边缘人”，边缘人的婚姻生活变幻无常，常常看不出时代性来。

Z老先生是一家衣庄店老板，家里有一叫菱福的丫环。菱福是14岁时从湖州乡下买进来的，17岁出落成大姑娘了，随之就有人风言风语：“菱福最近怎么跟‘蛋花汤’那个坏女人在一起混？”“菱福变坏了”。终于有一天下午，沙金看到了在鲁迅先生《祝福》中出现的一幕：

一只乌蓬船停在市河埠头，从船上跳下四条大汉，说是Z老太爷已将菱福卖给菱湖乡下的一户农家为媳，今天是来接人的。这对菱福真像是晴天霹雳，她绝不愿意被出卖，她躺在床上，双手紧拉住床柱，死活不肯下床，大汉们动手拉她，她拼命哭叫。我目睹这情景，简直惊呆了。后来我姑母也去劝说她，好说歹说她终（总）算接受了。接着她换一件新布衣，手持一支香，双眼发呆地跟着大汉们走了。从这天起，南浔这个小镇上再也见不到菱福的身影了。

菱福后来的命运如何呢？谁也不知道。不过，未必不幸福；边缘人的命运没有定式。与菱福差不多同时的阿珍，水家港人，是远近闻名的一枝花，本来的“命”也不好，从小就给村里的一个叫“和尚”的阿倌当童养媳。李根深老人说：连我这样八九岁的小孩，也能看出灵巧美丽的阿珍姐与木讷呆实的和尚不般配！可事情的发展让许多人感慨：听说阿珍姐偷偷爱上了隔壁的六哥。阿六哥能干，有文化，大家都说他好。他们的相爱并没有造成惊天动地的故事。小镇的民风古朴淳净啊，阿珍姐和阿六哥虽有心相爱依旧规规矩矩，而阿珍姐的公婆、一对堪称本份楷模的农民夫妻，在觉察出童养媳阿珍与独生子和尚的不般配后，自己忍受许许多多的苦痛，将阿珍当女儿，嫁给阿六了！[①]

“和尚”的父亲说：这叫“与人为善”。中国文化的内涵太丰富，不知道是不是这个理？

徜徉于南浔的街巷河港之间，常常有一种时光停驻的幻觉：刘张堂前，声声呢喃，可是旧时的家燕？康王寺畔，影影绰绰，莫非是慌张的皇族人马？西木巷口，熙熙攘攘，还是忙赶早市的乡民？长板桥堍，罗扇轻扑，难道还有一段没有讲完的故事……恍惚几百年，俯仰之间，已为陈迹，不能不令人感慨系之。今天的南浔，物是人非，那些曾经的故事，已经被地方史专家从历史情境中抽取出来，记录成文本，载诸史册。所谓文化，似乎变成了几条干巴巴的民俗事象，还有默默无语的物化景观。但是，可以肯定的是，文化原本不是以这样的形态存活于世间的，它曾经被社群人们世世代代表演过，其中某些部分凝固成了仪式，还在被继续表演着；某些部分浓缩成了传说，还流传在人们的口头上；某些部分强化成了信仰，储存在人们的意识深处。

文化被这样看待的时候，便陡然鲜活起来。我们追根溯源，穷幽极微，重现社群文化赖以存活的历史情境；我们淌溪登桥，绕兜越坝，走进孕生社群文化的自然生态；我们信步闲庭，谛听梵呗，用心体悟滋养社群文化的人文世界；我们走街串巷，登堂入室，仔细寻觅承载社群文化的生命印记。在这样的文化巡礼之后，留下了以上的文字。

① 本节涉及到吴荣方：《刘氏在南浔的两处墓地》，张建智：《才女庞左玉》，杨奕：《故园拾零》，沙金：《菱福》，李根深：《清远湖山见故乡》，分别见《南浔通讯》2001年6月11日，2003年9月25日，2003年8月1日，2003年3月28日，1997年12月7日。

参考书目

1　（清）范来庚．南浔镇志．道光二十年（1840年）

2　（清）汪曰桢．南浔镇志．咸丰八年（1858年）

3　周庆云．南浔志．民国九年（1920年）

4　南浔通讯编辑室．南浔通讯．1988年1月至今各期

5　朱从亮．南浔文献新志（内部资料）．2004（4）

6　徐迟．江南小镇．北京：作家出版社　，1993

7　徐迟．一个镇的轮廓．徐迟文集（二）．武汉：长江文艺出版社，1993

8　南浔镇志编纂委员会．南浔镇志．上海：上海科学技术文献出版社，1995

9　眭桂庆．南浔民间故事．北京：当代中国出版社，2001

10　金江波．浔溪文苑．北京：当代中国出版社，2001

11　潘荣琨，林牧夫．中华第一奇人——张静江传．北京：中国文联出版社，2003

12　陈永昊，陶水木．中国近代最大的丝商群体．杭州：浙江人民出版社，2001

13　阮仪三．水乡名镇南浔．上海：同济大学出版社，1993

14　阮仪三．江南六镇．石家庄：河北教育出版社，2002

后　记

专注于南浔历史与文化，缘于一次不经意的承诺，而且这承诺竟有根有据地留下了文本，现在回头一翻，前后脉络清晰可现。

十多年前，我们还住在苏州城郊校园里的时候，恰与一位南浔乡亲做邻居，邻居是中文系的教师，知道我们对江南小镇的历史和文化感兴趣，便称：她就是小镇人，在江浙交界处的南浔；小时候她妈妈常常跟她谈起镇上的事儿，什么"嘉业堂"啦，"四象八牛"啦，挺神秘，也很有趣。闲谈之间，便扯到了在她姨父家看到的《南浔通讯》，说是那上面经常有一些上了年纪的人写一些回忆文章，也有一些历史小考证；兴许对我们有些用处。

这是一张地方小报，报纸除了在镇上各个角落流通外，还免费寄送给外地的海内外乡亲，以及对南浔感兴趣的人。我们马上写了一封信给《南浔通讯》的主编，很快就收到了当月的小报，内夹一函：

> 谢谢对南浔镇的关心，希望你们对南浔社会经济发展提出有益的建议；以后我们每月寄送《南浔通讯》。
>
> 眭桂庆

随后的两年，我们的研究从眭先生给我寄来的报纸中受益不少。但未专注于南浔。1998年初，我们来到南浔，见到了眭先生。关于那次见面，在1998年1月20日的《南浔通讯》第三版上有消息：

> 1月14日青年历史学博士……朱小田专程来浔捐送了他

的学术专著及一些其他书籍，表达他对江南小镇的一片热情。……朱小田博士独钟江南小镇社会经济研究，二年多前由于一位南浔籍同事介绍，每期看到了按期寄发的《南浔通讯》，对南浔的近代发展沿革和人文荟萃的小镇风情饶有兴趣，当听说南浔拟建镇史馆之事，尤为称是，愿为此事献策出力，并说，今后将把南浔作为中国近代乡镇社会发展的主要研究对象，以推动学术界人士对南浔的关注。

不经意的一次承诺，上了报，事情“闹大了”。著名档案学家、中国人民大学吴宝康教授不久便致函《南浔通讯》(同年3月24日)，称看到“朱小田博士捐书我镇”的报道，“得知家乡镇委和镇政府拟建立‘南浔镇史馆’，并已开始筹备，……感到这是好事。”

事实上，后来“南浔镇史馆”真的建起来了，我们却未能“献策出力”，不过，对南浔我们特别关注起来。因为那个百十来字的报道，不少人愿意为我们的研究提供帮助。1998年1月25日，一位湖州老人给我们来信：

读《南浔通讯》后，欣悉你们是历史学者，也将研究南浔小镇社会史。

我是南浔人，迁居湖州五年了。曾于粉碎“四人帮”后，就开始搜集镇史，在镇工会杨建南、范希仁两同志的支持下，也曾油印过一些《南浔镇志稿本》。近年读到《新南浔镇志》，存在一些错史漏史，就又油印了《南浔镇志校刊本》稿本，已送南浔历史馆筹备处参考了。我是着重南浔文献资料的汇集，保存原来史料，为历史学家研究参考之用。这份稿本油印，因年迈眼花手颤，印刷粗糙，不很清楚。您今后如果有便，请来寒舍叙述我所见闻之南浔史。

落款是“原南浔镇志编委会委员朱从亮”。

朱先生，我们已经十分熟悉了，因为在此之前，《南浔通讯》上经常有他的南浔小考论。从他写这封信之后两年多的时间里，我们竟然未能“有便”到朱先生的“寒舍”听他“叙述我所见闻之南浔史”，直到2000年四五月份，我们收到眭桂庆寄给我的一本《南浔文献新志》，“纂辑者”正是朱从亮先生，这让我们又一次想起朱先生的热情邀请。在《南浔文献新志》“自序”中，他自述：

跨进2000年新世纪，我已是87岁了。在20多年的退离休生活中，我的主要精力用于征集南浔地方史料，我在游娱这些文字资料中，得到无穷乐趣，也以此磨练脑力，活动筋骨，增进健康，使自己至今尚是耳聪目明，生活自由自在。

既然朱先生仍然耳聪目明，有的是时间和机会；又是三年过去了，直到一件让人惊愕不已的事情发生：2003年上半年的某日，朱先生去世了！——负荷着无可限量的南浔走了……朱先生走得从容不迫，不能宽恕的是我们。从1998年初至2003年差不多6年的时间，我们一直在忙着自认为很重要的事情，至于听一位老人“叙述我所见闻之南浔史”，认为一定不能跟那些“很重要的事情”相比，可以往后安排，直到完全不可能。

后来，苏州大学社会学院王卫平教授和魏向东教授牵头，准备推出系列《江南文化丛书》，以“古镇”打头；南浔自然名列其间。尽管有许多文字资料可资参考，但作为“外乡人”，我们对“文化持有者内部的眼界”准确把握了没有？尤其是，在文化的残片被拼凑成平面的文化图景之后难以动态显示的时候，便想起“口述史”的非凡能力：恰巧在需要证据的地方能够取得和掌握证据。我们没能及时地取得和掌握它，每念及此，痛惜不已，既为南浔，也为朱先生。

逝世如斯，来者可追。

附记：

本书中十数张新照片由苏州科技学院郑群老师专程赴南浔拍摄，而这十数张是从数十张中选取出来的，特此致谢。

汪建红 朱小田